自治体職員をどう生きるか

後藤　好邦

山形市職員
東北まちづくり
オフサイトミーティング発起人

30代からの
未来のつくり方

学陽書房

はじめに

本書は、主に入庁10年目前後、30代の自治体職員のみなさんに向けて、「自治体職員の生き方」について、私なりの考えをお伝えするものです。

自治体職員は、民と官の立場で「公」に資する人材になることができる存在です。

詳しくは本文でもご紹介しますが、「官」の立場で、仕事を通じて「公」に貢献することはもちろん、プライベートでも「民」の立場で地域づくりなどの「公」に関する活動に参加することができるのです。

このことをふまえて、自治体職員は、**自分が「公」や「地域」にどう貢献するか、どう生きるか**が問われます。つまり、**自治体職員としての自分の価値を高めるためには、単なる「働き方」を超えて、「生き方」を考え、向き合う必要があるのです。**

ベストセラー『君たちはどう生きるか』は、主体的に生きることの大切さを説く名著です。「どう生きるか」という問いは普遍的なものだからこそ、時代を超えて支持されるのでしょう。

そこで本書は、１人でも多くの自治体職員のみなさんが、自分の人生を主体的に考えるきっかけになればという思いから、このベストセラーになぞらえて、『自治体職員をどう生きるか』というタイトルとしました。

なお、私たちは、生まれながらにして自治体職員であるわけではなく、自らの意志で、主体的に自治体職員という職を選んでいます。そこで、『自治体職員はどう生きるか』ではなく、『自治体職員をどう生きるか』とした次第です。

「自治体職員をどう生きるか」――。

このことを考えるかどうかで、その後の人生は大きく異なります。そして、それを考えるべき時期こそ、多くの職員が壁にぶつかる30代です。部下や後輩ができ、課される責任も重くなり、仕事のモチベーションが下がってしまう人も多くいます。また、結婚や育児・介護の問題に直面するのもこの年代です。

そこで、すでに30代を過ごしてきた「ちょっと先輩」の立場から、みなさんにいくばくかのヒントとメッセージをお伝えしたいと思います。

ＣＨＡＰＴＥＲ１では、時代の変化をふまえたうえで、自治体職員が30代をどう過ごすべきか、そのポイントをお伝えします。

ＣＨＡＰＴＥＲ２では、民官双方で公に資する人材になる方法について、私の実践をもとに「ワーク・ライフ・コミュニティ・バランス」という考え方から解説します。

ＣＨＡＰＴＥＲ３では、働き方改革を実践するコツをお伝えします。

ＣＨＡＰＴＥＲ４は、「実績」が求められる30代で磨くべき仕事術を紹介します。

ＣＨＡＰＴＥＲ５では、自治体職員の本番ともいえる、40代でさらに飛躍を遂げるためのヒントをお伝えしたいと思います。

「自治体職員をどう生きるか」という問いに対する答えは、１人ひとりが考えるべきものであり、正解はありません。**大切なのは、自分事として考えること。**ぜひ、「自分ならこう考える」、あるいは「自分ならこう動く」など、考えてみてください。

本書が、未来の自治体で中心的役割を担うみなさんにとって、自治体職員人生を豊かなものにするための道しるべとなることを願っています。

後藤 好邦

CHAPTER 1

自治体職員の人生は30代で決まる

CHAPTER 2

30代からのワーク・ライフ・コミュニティ・バランス

CHAPTER 3

30代からの働き方改革

CHAPTER 4

自治体職員が30代で磨くべき仕事術

CHAPTER 5

自治体職員が40代以降も輝くための成長術

CHAPTER 1

自治体職員の人生は30代で決まる

自治体職員の
土台は
30代でつくられる

01

30代をどう過ごすかで、自治体職員の一生は決まる

自治体職員の人生において、最も脂が乗る時期はいつだと思いますか？ この問いに、私は若くて体力もある20代、あるいは不惑を過ぎた40代でしょうか。この問いに、私は迷わず「30代」と答えます。「脂が乗る」といっても、決して、中年太りがはじまるという意味ではありません。**最も成長でき、充実した時間を過ごせる**という意味です。

働きはじめて10年あまり。30代は、仕事を通してさまざまな知識が少しずつ蓄積し、また、人事異動などを経験し、物事の見方、つまり見識が広がりはじめる頃です。できることも徐々に増え、重要な案件を任されるようになります。職位も上がり、係（チーム）でも中心的役割を求められるようになるでしょう。自治体によっては、30代前半で係長になる場合もあるようです。

職務上の権限も格段に増え、それに伴い責任も課されます。20代よりも格段にプレッシャーを感じる場面も増えますが、だからこそ、仕事を通して大きく成長できる、自治体職員にとって最も大切な年代です。

他方、**30代は、役所の常識に染まってしまう時期**でもあります。

同じ組織で10年近く過ごせば、仕方のない面もあるでしょう。若手の頃に「おかしい」と感じていた役所の常識に対する違和感も徐々に薄れ、当然だと感じることも増えます。「何が正しいのか」という問題意識を持たなければ、「今までと同じことをしていればいい」という前例踏襲型の職員になってしまいます。

このように、**30代は自治体職員として大きく飛躍する年代である反面、仕事に対する意識やモチベーションが下がりはじめる10年間でもあります。**

みなさんは、どちらの道を選びますか？

当然、前者を望むはずです。しかし、無為に日々を過ごしていると、知らず知らずのうちに後者の道に足を踏み入れてしまいかねません。だからこそ、実りある30代の過ごし方を真剣に考え、実践していかなければならないのです。

私の自治体職員としての礎を築いた30代

「後藤さんは、若い頃から地域活動に取り組んでいたのですか？」

こんな質問をよく受けます。「ＹＥＳ」を期待しての質問だと思うのですが、残念ながら答えは「ＮＯ」。20代の頃、私は仲間とともにスキー（モーグル）に明け暮れていました。冬期間はシーズン券を購入し、毎週末、ゲレンデに足を運ぶ日々。夏の間も時間を見つけては夏スキーで有名な月山《がっさん》に通っていました。しかし、あることがきっかけとなり、ライフスタイルが一変します。それが、自治体職員が自ら業務の枠を超えて自主的に学び合い、そしてつながり合う「ネットワーク活動」との出会いでした。32歳のときの出来事です。

当時、入庁して11年目の私は、企画調整課に異動し、行政評価の担当となります。山形市では事業担当課による自己評価とともに、外部評価委員会による第三者評価も実施していました。この外部評価委員会の委員長を務めていた関西学院大学専門職大学院の石原俊彦教授との出会いが、私の未来を大きく変えることになります。

その頃、石原教授は自治体職員の生涯学習をサポートすべく、「フォーラムＫＧＰＭ」という自主的な勉強会グループを立ち上げようとしていました。このＫＧＰＭには、全国各地で活躍する自治体職員が参加表明していましたが、ありがたいことに、私も石原教授からお声がけいただき、この末席に加えていただきました。

それ以降、私はフォーラムＫＧＰＭをはじめ、さまざまなネットワーク活動に積極的に取り組んでいきます。詳しくは後述しますが、自ら「東北まちづくりオフサイトミーティング」（以下、「東北ＯＭ」）というネットワークを立ち上げるまでに至りました。

また、そのほかにも、地域での酒造りやイクメン活動など、さまざまな社会貢献活動にも取り組んでいます。そして、こうした活動で得た知識やスキル、人脈を仕事に活かそうと考え、実践するようになりました。ふり返れば、こうした一連の行動が、私の成長を加速させ、自治体職員人生を充実したものにしていったのです。

30代で得た「つながり」を「絆」に進化させよう

30代で得た最も価値あるもの、それは人とのつながりです。

つながりというよりは「絆」と言ったほうが適切かもしれません。つまり、単なる知り合いを指すものではなく、**いざというときに自分を支えてくれる、あるいはサポー**

トしてくれる大切な仲間のことを指します。しかも、そうした人とのつながりを、庁内だけでなく、他自治体や異業種にまで広げることができました。

人とのつながりは、自分の弱みを補う大切な存在です。**人とのつながりが広がり、深まるほど、自分の可能性も広がります。**逆に、人とのつながりを持っていないと、何をする際も自力で頑張らなければなりません。一個人の頑張りには限界があるため、つながりが少ないと物事を完遂できる可能性は低くなります。

30代になると、複数回の異動を経験し、また、20代よりも仕事や活動の幅も広がっているとことでしょう。そのため、役所の内外で多くの人と知り合う機会も増えると思います。ぜひ、こうした出会いを大切にし、つながり、そして、絆へと進化させていってください。**その絆の1つひとつが、30代以降の自治体職員としての人生を価値あるものにしてくれる**はずです。

改めて
自治体職員の
魅力を考えよう

02

そもそも「公」とは何だろう？

30代は、役所のこと、自分のことが、見えてくる年代です。「仕事が面白くなってきた！」という人もいれば、「役所の現実を思い知った……」という人もいるでしょう。これからさらに前向きに仕事をするために、本書を手にとった人もいれば、何らかの悩みを抱えて、そこから抜け出すためのヒントを得たい人もいると思います。どちらの人であっても、30代でちょっと立ち止まって考えてみてほしいのが、「公」に関するお話です。

「公務員」という言葉を分解すると、「公に務める人たち」となります。それでは、そもそも「公」とは何なのでしょうか。30代のときに、私はこのテーマに真剣に向き合いました。それが「東京財団週末学校」です。

この研修プログラムは市区町村職員を対象としたもので、自分たちの地域が抱える課題を洗い出し、その原因を追究したうえで解決策を政策提言としてまとめあげることを最終的なゴールとしていました。

この政策提言をまとめていく過程で、地域づくりの実践者たちによる講話や地元学調査、アメリカのポートランドへの視察など、「公」について深く考える機会が与えられました。中でも私にとって、最も印象に残っているのが、「公（ＰＵＢＬＩＣ）」を庭に喩えたポートランド市職員（当時）のダンさんによるお話です。

「『公』を庭に喩えると、庭の主役である木や草花は住民です。つまり、公の主役は行政でも議会でもなく、あくまでも住民なのです。そして、この庭の主役である動植物たちが生き生きと生息してこそ、良き庭といえます。自治体職員はこの『公』という庭の中で、木や草花に喩えられる住民たちが生き生きと活動できるように環境を整える庭師でなければいけません」

この話から、私は「公」に資する行動とは、まちづくりや地域づくりなど、自分たちの生活をよりよいものにするための活動のことを指し、その担い手とは、その「公」に属するすべての人たちだと考えるようになりました。そして、**「公」の担い手たちの中心となる存在が住民であり、その担い手たちが動きやすくなるよう環境を整える**

存在こそ、行政に身を置く、私たち公務員だと感じるようになったのです。

行政だけが公の担い手ではない

「公」の担い手は、端的に**「公＝民＋官」**という言葉で表すことができます。

これも週末学校で学んだことです。しかし、日本では、私たち行政関係者の心の中にも、住民の心の中にも、まだまだ「公＝官」という意識が浸透しています。その証拠に、**公務員は行政主導のもとに協働を進めようと考えがちですし、住民もまた、地域が抱えている課題を、自分たちで解決することよりも行政任せにしがち**です。

これに対して、私が30代に訪れたアメリカとイギリスは異なりました。

週末学校で訪れたアメリカのポートランドでは、住民が地域の課題を自分事として捉え、何をなすべきかを考えて行動していました。そして、公務員である市の職員は、市民が動きやすいように黒子のようにサポートしていたのです。

一方、イギリスも「公＝民＋官」という考え方が浸透していました。30代の前半に、私は2度イギリスの自治体視察団に参加しましたが、イギリスの自治体では、公共サービスの質を高めるため、外部監査の結果なども参考にしながら、どのセクターが公共サービスの担い手となるべきかを日常的に検証し、その結果に基づきアウトソーシングしていました。

アメリカ（ポートランド）とイギリスを比較すると、「公＝民＋官」の実践の仕方は少し異なります。しかし、住民が求める未来の姿を実現するため、民と官が協力しながら、双方ともに「公」の担い手となっている点で違いはありませんでした。

みなさんは、日本とアメリカ・イギリスを比較して、どちらが理想的だと考えるでしょうか。もちろん、海外の地方自治制度にも課題はあります。しかし、アメリカやイギリスで重視されている「公＝民＋官」を、もっと日本も意識すべきでしょう。

公務員は、民官双方で公に資する人材になれる

私が考える公務員の魅力は、「民官双方の立場で公に資する人材」になれる唯一の存在であるということです。

「公＝民＋官」と考えた場合、私たち自治体職員をはじめとする公務員は、当然な

がら、官の立場で仕事を通して公に資する人材になることが求められます。

そのために、自分たちが担当する業務の効率化やサービスの質的向上、あるいは、市民や民間事業者がまちづくりに向けた活動に取り組みやすくなるような仕組みづくりなどに取り組まなければなりません。


前述したダンさんの話でいえば、庭師としての役割を果たすことです。

一方で、公務員は休日や勤務終了後など、プライベートの時間を活用して、民の立場でも公に資する人材になることができます。たとえば、休日にリトルリーグのコーチとして子どもたちに野球を教えたり、あるいはボランティアとして被災地支援の活動を行ったり。また、休日を利用し、自主的な地域づくりの勉強会を開催することやイクメン活動に参加することなども民の立場で行う公に資する行動だといえます。

つまり、公務員は民官双方の立場で公に資する人材になることができます。しかも、**この2つの立場で公の担い手になることができるのは、官の立場で仕事ができる公務員しかいない。**そのことに気づいて以降、私は民と官双方で公に資する人材になることが、自治体職員を含む公務員の最大の魅力だと感じるようになったのです。

自治体職員がめざすべき4つの人材像

03

大正大学から学んだ4つの人材像

自治体職員として、30代に成長するためには、どんな人材になりたいかを思い描いておくことが必要です。その姿は人それぞれではありますが、1つヒントをお伝えしましょう。

コーディネーター、アントレプレナー、エコノミスト、オーガナイザー。

この4つの人材像を同時に担うことができる人材こそが、自治体職員のめざすべき理想像だと私は考えています。この4つの人材像は、大正大学地域創生学部が掲げている「育成する人材イメージ」です。私は同大学とのつながりを通じて、これらの人材像の必要性を知ることができました。

それぞれについて、簡単に説明します。

①コーディネーターとは、**多様なセクターや分野をつないで地域課題の解決に向けた枠組みを創り出す**人材です。

②アントレプレナーとは、**地域資源を活用しながら地域課題を解決するための新たな事業を創り出す**人材です。

③エコノミストは、**地域経済等を調査分析し、課題抽出や改善案の提言を行う**人材です。

④オーガナイザーとは、**多様なセクターや人をつないで新たな組織を生み出す**人材です。

以前、大正大学の浦崎太郎教授から、この4つの人材像をテーマとした講義を学生にしてほしいとの依頼をいただきました。

そのときに、これらの人材像1つひとつについてじっくり考えるとともに、これらを私自身の活動に当てはめてみました。すると、この4つの人材像は、まさに自治体職員に求められる人材像そのものであり、4つの役割を同時に担える人材こそが、めざすべき理想像だと考えるようになったのです。

自治体職員に求められる2つの性質

自治体職員には、「主体性」と「協働性」が求められます。

ここでいう**主体性とは、自ら事を起こすこと**。そして、**協働性とは、他のセクター**

と連携しながら事を起こすことです。そして、この2つの性質は、前述した4つの人材像に密接に関わっています。

「主体性」と関連が強い人材像は、アントレプレナーとエコノミストです。

厳しい財政状況の中、多様化する社会課題や住民ニーズに応えていくため、自治体職員には、地域資源を有効活用しながら、これまでにない斬新な政策を考え、実行することが求められます。

つまり、自治体を取り巻く環境が厳しさを増す中で、自治体職員は必然的にアントレプレナーになる必要があります。ここが自治体職員に求められる主体性でもあります。しかし、新しい事業を実施するためには、その必要性や妥当性を示さなければなりません。いくら斬新な政策でも、成果が上がる根拠が明確でなければ周囲からの共感は得られないからです。

そのため、自治体職員はエコノミストとして、さまざまなデータを用いて地域が抱える課題を抽出し、効果的な解決策を導き出さなければなりません。つまり、アントレプレナーとして主体性を発揮するためには、同時にエコノミストとしてのスキルも磨く必要があります。

一方で、**「協働性」に関連が強い人材像は、コーディネーターとオーガナイザー**です。今後、人口減少に伴う税収減や職員削減により、自治体は従来担ってきた公共サービスのすべてを担うことができなくなっていきます。そのため、自治体は多様なセクターと連携し、互いの強みを活かし、弱みを補い合いながら、公共サービスを提供していかなければなりません。

このような状況では、人と人がつながる場（ネットワーク）や、ネットワーク同士を結びつける「つなぎ役」たるコーディネーターが重要な役割を担うことになります。そして、つながりの場をつくるオーガナイザーもまた、地域創生のキーパーソンとなります。ここが自治体職員に求められる協働性です。

4つの人材像に関する後藤式実践術

私は仕事とプライベートの両面で、4つの人材像を実践しています。

仕事では、公共交通に関して、さまざまな見直しを実践してきました。その点では公務の現場でアントレプレナーとしての役割を果たしてきたといえます。また、行政評価や改善活動の担当として、部局横断的な取組みを実践するとともに、公共交通担当として、地域住民、交通事業者、福祉関係者など、各ステークホルダーをつなげる活動にも取り組みました。その点では、仕事を通して、役所内外の多様なセクターをつなぐコーディネーターとしての役割も果たしてきたといえます。

一方で、プライベートでは、新たな事業を進めるうえで必要な現状分析や将来予測を適切に行うスキルを磨くために、東北公益文科大学大学院に通い、自治体経営に関する研究を行いました。これにより、エコノミストとしてのスキルアップを図ることができました。また、東北OMを設立し、自治体職員間、あるいは民と官がつながる場づくりに取り組み、オーガナイザーとしての役割も実践しています。

ちなみに、**これらの活動をはじめた時期は、まさに30代。**

みなさんも、この4つの人材像を意識しながら、さまざまな活動にチャレンジしてみてはどうでしょうか。きっと自治体職員としてのスキルアップにつながるはずです。

時代の変化を捉えよう

04

成長社会から成熟社会へ

20代、みなさんは日々、目の前の仕事に励んできたはずです。**着実に力を蓄えて迎える30代では、未来を見据えて、今後、自治体職員としてどんな仕事をなすべきか考える**必要があります。そのとき意識しなければならないのが、時代の変化です。

今、時代は大きな転換期を迎えています。

バブル崩壊とともに終焉を迎えた成長社会は、大量生産・大量消費のような量的拡大を追求する社会でした。これに代わり、現在は、**精神的豊かさや生活の質的向上を重視する成熟社会**を迎えようとしています。

成長社会は「三種の神器」と呼ばれる家電製品があったように、モノの豊かさ、つまり物欲を追求する時代でした。若者がスポーツカーを欲しがり、多くの人がブランドショップに群がった背景には、そのような潜在意識もあったのでしょう。

しかし、成熟社会に入り、物欲が満たされると、人は心の豊かさを求めるようになりました。性能の良し悪しなどで判断するモノの豊かさと異なり、心の豊かさは、価値観や生き方、働き方などをはじめ、1人ひとり求めるものが違います。

つまり、**何が答えなのかわからない、正解のない社会**になったのです。ここに、社会が多様化した要因があります。

多様化するニーズに伴う自治体職員の仕事の変化

社会の多様化は、自治体職員の仕事にも影響を与えます。

たとえば、私が担当していた公共交通でいえば、成長社会が進展することで、車が欲しいという欲求が満たされました。自家用車があれば、自分の都合に合わせて自由に行きたい場所に移動することができます。

しかし、公共交通を利用する場合は、運行ダイヤやコースなど、あらかじめ決まった運行形態に合わせた行動が求められます。その影響からか、特に地方では数百メートルの移動でも車を使うようになり、公共交通の利用者は年々減少しています。

また、以前なら、アンケートなどで中心街までの路線バスを要望していた住民たちも、今では自分が行きたい場所まで行くことができるドアトゥドアに近いサービスを求めるようになりました。行きたい場所は1人ひとり違います。また、目的地に行くための手段も地域の状況によって大きく異なります。こうした状況が公共交通に関する住民ニーズの多様化につながっています。

資源（人・モノ・金・情報）が限られている中、多様な価値観に対応したまちづくりや地域づくりを進めていくには、あらゆるセクターが参画する総力戦で進めていくことが必須です。民官連携のスタイルも、**1対1の「協働」の時代から、多様なセクターが同じゴールをめざしてコラボレーションしていく「総働」の時代を迎えようとしているる**といえるでしょう。

こうした変化に伴い、自治体職員に求められる役割や働き方、あるいは生き方も大きく変わりつつあります。その影響を最も受ける世代こそ、仕事ではプレーイングマネージャーを求められ、家庭では育児に追われ、祖父母や両親の介護に関わる可能性もある30代から40代にかけての職員なのです。

ジグソーパズルから
レゴブロックへ

05

あらかじめ正解が決まっていた「ジグソーパズル型社会」

東京都で義務教育初となる民間人校長に就任した藤原和博さんは、時代の変化について、「ジグソーパズル型からレゴブロック型へ」と著書や講演で表現しています。

成長社会は、さまざまな点で正解がありました。たとえば、日曜の夜に家族で「サザエさん」を見ることが一家団欒の形。偏差値の高い高校・大学へと進学し、その後、有名企業や役所に就職して定年まで安定した生活を送ることが人生における成功の形。あらかじめ答えが決まっている、いわば正解主義の世の中でした。

あらかじめ正解が決まっているもの、その代表例がジグソーパズルです。ジグソーパズルは、最初から決められた完成形の図柄になるよう、ひたすらパズルを組み合わせていく遊びです。こうした点から、成長社会はジグソーパズル型社会と呼ばれます。

ジグソーパズル型の社会では、**最初から決まっている正解に、1秒でも早くたどり着ける情報処理力に長けた人材**が求められました。

また、ジグソーパズルは、1つひとつのピースの役割が最初から決まっているため、ピース本来の役割とは違う場所に置くと、正解にたどり着くことはできません。

ジグソーパズル型の社会では、行政、民間企業、教育機関など、各セクターの役割が最初から決まっています。もし、異なる役割を果たそうとすると、正解にはたどり着けません。それゆえ、自治体職員の仕事は前例踏襲で十分に事足りたといえます。

正解のないレゴブロック型社会へ

成長社会から成熟社会への変化、その象徴が正解のないレゴブロックです。

レゴブロックは何をつくればいいのか、最初から答えが決まっていません。さまざまなブロックを自由に組み合わせて、自分がイメージしたものを形にしていきます。前述したとおり、成熟社会は答えのない社会。それゆえ、成熟社会はレゴブロック型社会といえます。

レゴブロック型社会の到来により、求められる人材も大きく変わりました。従来の情報処理力に長けた人材ではなく、**めざすべき未来に向けて、さまざまなブロックを**

組み合わせ、新しい答えを生み出していく発想力や想像力、実行力がある人材が求められます。藤原和博さんは、成熟社会に求められる能力を、成長社会の「情報処理力」に対し、「情報編集力」と表現しています。

レゴブロックのもう1つの特徴は、1つひとつのブロックの役割が最初から決まっていないことです。同様に、レゴブロック型社会では、行政をはじめ、各セクターの役割やセクター同士の連携の形は、めざすべき未来によって大きく変わります。つまり、多様な協働の形である総働の組み合わせ方も、地域や時代によって大きく異なるのです。

地域によって異なるめざすべき未来をどうつくるのか。自治体職員は、住民との対話を通して、めざすべき未来を考え、その未来を実現するために、さまざまなブロック（人・モノ・金・情報など）をどう組み合わせるかを考え、実行できる人材になる必要があります。

この時代の変化の真っただ中にいるのが、これからの自治体を担う30代のみなさんといえるでしょう。

「未来の常識」を見据えた仕事をしよう

06

常識は時代によって変わるもの

喪服はなぜ、黒いのか?

これは、藤原和博さんが、山形市役所の教養講演会で講師を務めた際のネタです。

江戸時代まで白い喪服が当たり前だった日本ですが、明治維新により欧米文化が流入したことで、黒い喪服という概念が徐々に浸透していくことになります。それでも太平洋戦争当初は、まだ白黒半々だったようですが、戦争末期になるにつれ、戦争で亡くなる方が増え、頻繁にお葬式が行われるようになった結果、白い喪服では汚れが目立つということで黒の喪服が一般的になったそうです。

この話で、藤原さんは何を言いたかったのでしょうか。

それは、「常識は常に変わる」ということ。**150年前までは白の喪服が当たり前だったのが、今は黒が当たり前**です。もしかしたら、150年後はまた違った色が当たり前になるかもしれません。このように、今「当たり前」と思っている常識は、いずれ大きく変わる場合があります。

「今」だけでなく5年後、10年後の「未来」を考える

現在、便利なものが、将来も便利だとは限りません。

「電子決裁になると、決裁文書をすべて画面で確認しなければならない。手元で簡単にページをめくることができる紙のほうが、画面で確認するより便利だから対応できるか不安だ」

「図面など、紙ベースでしか回すことができない添付文書がある場合などは従来の紙決裁として、電子決裁の対象から外してほしい」

電子決裁の導入を担当をしていた頃、庁内からはこんな意見・要望が噴出しました。

正直にいえば、現状において、電子決裁は100%便利なツールではありません。電子化できない添付文書への対応、決裁後の取消手続の煩雑さなど、まだまだ使いづらい面はあります。しかし、当時の私は、そのことを気にしすぎてしまうと、例外規

定を設けたり、電子決裁の利用を各課の裁量に委ねることにつながり、結果的に電子決裁率がまったく伸びなくなると感じていました。実際に、こうした状況に陥り、電子決裁システムが無用の長物になっている自治体も少なくないのです。

そんなとき、自宅に戻ると、当時3歳だった息子は、すでにスマホをある程度使いこなしていました。手元で画面を上手にスクロールし、また親指と人差し指を使い、画面の縮小や拡大を自由自在に行っていたのです。

その姿を見て、「**この子たちの世代が役所に入ってくる頃には、電子化は当たり前になっている。**そして、きっと紙のほうが便利だと言ったら、彼らから旧人類扱いされるだろう。**その前に、紙を基本とした、電子化されていない役所には良い人材は集まらなくなるだろう**」と感じました。

そこで、私はできるかぎり例外規定を設けず、原則、決裁は電子化することを貫きました。当時の市長、副市長も同様の考え方だったこともあり、今、山形市は電子決裁率日本一となっています。

成熟社会が進展していく中で、人々の意識が大きく変わり、また、society

５・０の時代が到来し、ＡＩやＩｏｔなど、技術革新は今後加速度的に進むと言われています。大きな時代の転換点に、現在の常識だけで政策を考えていては、住民のニーズに応えることはできません。

求められるのは、**５年後、10年後の未来を考え、そのときの常識を想像して政策を考えること**。ただし、公共サービスの受益者である住民自身は、今の常識を前提にしたサービスを要望するケースがほとんどです。しっかりとデータを示し、丁寧な説明と対話を繰り返しながら、未来を見据えた政策を実行していくことが重要です。

CHAPTER

2

30代からのワーク・ライフ・コミュニティ・バランス

ワーク・ライフ・コミュニティ・バランスのススメ

01

ワーク・ライフ・コミュニティ・バランス

「ワーク・ライフ・コミュニティ・バランス」という言葉を知っていますか？

「ワーク・ライフ・バランス」なら知っているという方は多いでしょう。

私はこの**「ワーク＝職業生活」**、**「ライフ＝家庭・個人生活」に加えて、「コミュニティ＝地域活動・ネットワーク活動」に取り組む**ことを提唱しています。

コミュニティとは、いわゆる地域活動のみを捉えたものではありません。家庭と仕事以外の活動すべてを想定し、伝統芸能を伝承するための活動やＰＴＡ活動、役所内の自主研修や趣味の習い事など、幅広く捉えることができます。

ワークやライフは義務感を感じる場合もありますが、コミュニティはあくまでも自主的な活動です。自分のペースでこうした活動に取り組み、やりがいを見出すことで、日々の生活が充実するとともに**コミュニティで得たものを仕事や家庭に活かすことで、ワークやライフの質も高まります。**

とはいえ、「ワーク・ライフ・バランスだけでも大変なのに、さらにコミュニティなんて……」と思ってしまう人もいるでしょう。仕事の責任や難易度も上がり、生活面でも結婚・子育てなど変化の大きい30代であればなおさらです。

ただ、それでも多様性ある社会で、**自治体職員が生き抜くには、コミュニティの活動は必要不可欠であるとともに、自治体職員としての「武器」にもなります。**

地域を知らなければ、めざすべき未来はつくれない

コミュニティが必要な理由は、3つあります。その1つめは、**時代の変化**です。

すでに述べたとおり、レゴブロック型の社会で、何もないところからめざすべき未来をイメージし、形にしていくプロセスはデザインそのもの。つまり、**自治体職員は地域の未来をデザインするコミュニティデザイナーでなければならない**のです。

そのためには、地域に飛び出し、住民の声に耳を傾けながら、住民が望む未来の形をイメージすることが求められます。また、そのめざすべき未来は行政だけで実現できるものではありません。日頃からさまざまなセクターの人とつながり、人脈を広げ、連携協力することが求められます。こうした時代が求める自治体職員になるためには、ワークとライフのほかに、コミュニティの活動が欠かせないのです。

スクラップ＆ビルドからビルド＆スクラップの時代へ

２つめの理由は、**自治体を取り巻く環境の変化**です。

今、自治体は「２つの高齢化」に直面しています。

まず、みなさんもご存知の「人口の高齢化」。日本は急速な高齢化に伴い、自治体が負担する社会保障費は年々増加しています。もう１つが、「公共施設の高齢化」です。高度経済成長期に整備したインフラやハコモノの老朽化が進み、更新時期を迎えています。この「２つの高齢化」により厳しい財政状況に陥る中で、これまで自治体は、ムダな事業を廃止し、新しいニーズに応えていく「スクラップ＆ビルド」の考え方で財政健全化に取り組んできました。

しかし、これまで行財政改革に取り組んできた結果、自治体には、容易にスクラップできる、明らかにムダな事業はなくなりつつあります。その一方で、人口減少対策など新たに取り組むべき事業はどんどん増えています。つまり、**ビルドしなければならない新規事業が増えているにもかかわらず、スクラップできる既存事業がなくなっている**のです。

福岡市職員で、財政健全化の伝道師として活動する今村寛さんは、このような現状をふまえ、**「スクラップ&ビルド」から「ビルド&スクラップ」へと時代が大きく変化している**との見解を示しています。

新たなニーズに応えるためには、ある程度効果が上がっている既存事業でも、他の事業に比べて優先順位が低いものは廃止縮小していくことが求められます。

事業を廃止縮小する場合は、住民への説明責任を果たす必要があり、その手段として住民との対話の場づくりが重視されます。これがビルド&スクラップの考え方です。

また、財源の確保も重要な視点です。クラウドファンディングのような新たな財源を生み出す方法や、ＰＰＰ、ＰＦＩといった新たな手法を活用した資金調達の仕組みを導入するなど、メイクマネーの実践スキルを身につけることも必要です。

このように、ビルド&スクラップやメイクマネーの時代になったことにより、自治体職員には住民との「対話力」や新たな仕組みを導入するための「情報編集力」（38〜39ページ参照）が今まで以上に求められるようになりました。

こうした能力を磨くためには、日頃から住民と対話する機会を定期的に設けることや、他自治体や民間企業のスキルやノウハウを学ぶ場を継続的に設けることが大切です。だからこそ、コミュニティの活動が必要なのです。

地方分権一括法の制定による自治体の自主性

コミュニティが必要な理由、最後の3つめは、**地方自治制度の変化**です。

2000(平成12)年の地方分権一括法施行により、自治体が自らの判断で実行できる範囲は格段に広がりました。

しかし、未だに前例どおりに行っている事業が多いのではないでしょうか。同じ「ぜんれい」でも、これからは「前例」ではなく、「善例主義」でなければなりません。良い事例(前例)を参考にしながら質を高めることや、他の自治体が真似をするような「善例」をつくり出すことが必要です。

しかし、職場と家庭の往復だけでは、「善例主義」で仕事をしていくことはできません。**コミュニティ活動を通して、他の自治体や異業種の仲間をつくり、他自治体の取組みや民間企業のノウハウを知ることができる環境を整える**必要があります。これもまた、コミュニティ活動が求められる1つの要因といえるでしょう。

02

まずは
勇気を持って
「知域」にダイブ

いきなり「地域」はハードルが高い

コミュニティ活動のはじめ方に悩む人もいるでしょう。

私も20代の頃は、わかっていませんでした。

地方創生の時代、それぞれの地域の実態に合った政策を実施するために、自治体職員には、住民目線の政策立案や民官協働による事業構築が求められるようになりました。その結果として、積極的に現場である「地域」に飛び出すべきと言われるようになり、「地域に飛び出す公務員」といった言葉も生まれています。

しかし、**自ら積極的に地域に飛び出そうとする自治体職員はまだまだ多いとはいえません**。むしろ、ごくごく少数派といってもよいでしょう。でも、それは当然のことです。いきなり「地域に飛び出そう」といっても、なかなか容易ではない。この点は、20代も30代以上の職員も変わらないでしょう。

そう感じてしまう理由は明白です。普段、役所の窓口や会議室でしか市民との関わりを持っていないため、**「地域がどのような場かわからず不安だ」**とか、**「地域に飛び**

出すと行政に対する不満を言われそう」など、地域に対するマイナスイメージが自治体職員に蔓延しているからです。こうした不安を少しでも解消したい。そんな想いで私が考案した言葉が**「知域」**です。

まずは身近な「知域」から飛び出そう

「知域」に明確な定義はありません。

私なりの解釈は、**とにかく「知」にまつわるものなら何でもＯＫ**ということ。たとえば、自主勉強会のような「知」識を学ぶ場、異業種交流会のような仲間と「知」り合える場、地域のお祭りやイベントなど住民の想いを「知」ることができる場などが挙げられるでしょうか。

このように具体例を挙げると、世の中にはいろいろな「知域」があることがわかります。30代で、もしお子さんがいるのであれば、ＰＴＡの活動に参加する機会もあるはずです。もちろん、これも「知域」活動の１つです。数ある「知域」の中から、まずは自分が飛び込みやすい「知域」を見つけてみましょう。そして、**見つかったら、自ら足を運んでみること**。人から言われて出ていくと、どうしても「やらされ感」が出てしまいます。「やらされ感」を持ちながらの活動は長続きしません。

だからこそ、自ら「勇気を持って『知域』にダイブ」を心がけてください。

最初の一歩を踏み出せば、きっと活動エリアがどんどん広がっていきます。そして、いつの間にか「地域に飛び出す公務員」になっているでしょう。

つまり、**「知域」に飛び出す公務員になることが、「地域」に飛び出す公務員になるためのファーストステップ**なのです。

自分を知り、
他者から学ぶ

03

「なんか面白そう」と思ったら飛び込んでみる

私が知域活動をはじめたのは、33歳のときです。

つまり、30代でまだ知域活動をはじめていないからといって、決して遅いということはありません。**年齢を理由に新しいことにチャレンジしないのであれば、きっと、いつまで経っても行動は起こせないまま**でしょう。

CHAPTER1でお伝えした、私にとって初の知域活動であるフォーラムKGPMに参加しようと思った理由は**「なんか、面白そうだったから」**でした。

お誘いを受けた際は、知り合いが誰もいない関西での開催ということもあり、人見知りで内気な私には、ハードルが高いと感じました。しかし、全国各地で活躍する公務員が参加することや、毎回著名な方の講義を聴けるといった話をお聞きするうちに「これは面白そうだ」と思い、勇気を出して参加することにしたのです。

知域に飛び出すにあたり、特に高い志はいりません。**「なんか面白そう」「参加したい」、あるいは「参加できそう」と思ったら、勇気を持って最初の第一歩を踏み出して**

みましょう。

井の中の蛙、大海を知り、仲間と出会う

自分は「井の中の蛙」だった——。

フォーラムKGPMに参加して、私が感じたことです。

なぜなら、全国から集まってきた自治体職員のレベルの高さに衝撃を受けたのです。当時、行政評価の担当として各課の担当者に厳しい指摘をしていた私は、知らず知らずのうちに**「けっこう自分は仕事がデキるかも」と天狗になっていました。**

しかし、私はフォーラムKGPMの参加者、特に阪神大震災を経験してきた阪神エリアの自治体職員の話に、まったくついていくことができなかったのです。

「参加しなければよかった」と意気消沈していた私に救世主が現れます。

セミナーで1列前に座っていた兵庫県伊丹市役所の前田和宏さんが、関西に不慣れな私を気遣い、セミナー終了後に新梅田食道街というディープな場所で、いろいろなことを教えてくれたのです。

前田さんと出会い、私は「ＫＧＰＭは意気消沈する場ではない。自らを高める場だ」と気持ちを切り替えることができました。そして、「次回のＫＧＰＭまでには、少しでも前田さんのような自治体職員に近づこう」と考えるようになったのです。

その後、私は知域活動には２つの意義があることに気づきました。

１つめは、知域活動に参加し、**外とつながることで、自分自身や自らが所属する組織や地域のふり返りができる**こと。私自身、ＫＧＰＭに参加し、自分が「井の中の蛙だった」ことを心から自覚しました。役所の中にいるだけでは、他者と自分たちとの比較ができず、また、他者の優れている点に学ぶことはできません。

２つめは、**知域活動に参加し、同じ想いや志を持つ仲間と知り合うことでモチベーションが高まる**こと。東北、関西、九州など、地域は違えど、自治体職員の抱えている悩みや課題には共通点があります。同じ想いを抱く仲間たちが頑張っていることを知ることで、「辛いのは自分だけではない。彼らに負けないように自分も頑張ろう」と思えるようになり、自然と仕事に対するモチベーションを向上させることができました。

この経験が、やがて東北ＯＭなどの活動へと発展していくことになります。

「1週間の時間割」を考えよう

04

自治体職員を取り巻く「ワーク」と「ライフ」の変化

コミュニティ活動にまわす時間が見つからない。

多くの人がそうつぶやく姿が目に浮かびます。世間のイメージとは異なり、今、自治体職員の生活はとても忙しいものになっています。人は減るのに仕事は増える状況では、当然、昔より職員1人ひとりの負担は大きくなり、時間外勤務が増え、休暇の取得もままならないのが実情です。

忙しいのはワークだけではありません。**30代以降は、育児や介護に追われ、ライフの面でも忙しくなります**。核家族化が進み、共働き家庭が増える中で、親に頼らず夫婦で協力しながら育児に取り組むことが当然となっています。そして、育児が終わると介護が待っています。晩婚化の影響などもあり、育児から介護までの時間的間隔も短くなっているように感じます。

こんな状況でもコミュニティの時間を捻出するヒントが、「1週間の時間割」です。

「1週間の時間割」で時間の使い方を把握しよう

「1週間の時間割」は、さいたま市職員の島田正樹さんよりお聞きした考え方です。あるとき、他自治体（宮崎県延岡市）から依頼を受け、はじめて管理職研修の講師を依頼されました。まだ管理職になっていない私にとって、人生初のこと。年齢も立場も上の管理職の方々に、管理職でもない私が何を話せばよいのか、悩みました。

そんなとき、ライフプラン情報誌「ＡＬＰＳ」（２０１７年10月号）に掲載された**「1週間＝１６８時間にどう優先順位をつけ、どう使っていくのか」**と題した島田さんの寄稿を目にしたのです。

島田さんは、「1週間のうち使える時間は１６８時間。このうち、何に、どのくらい使っているかを考える。そうすると、何に使っているか、わからない時間が見つかる。その時間はきっとＳＮＳやゲーム、テレビを見ている時間だろう。**こうした無意識に使っている時間は、新しい何かに使える財源となるかもしれない**」とご自身の考えを示されていました。

この島田さんの考えに触れ、私はこの1週間の時間割を用いて、管理職のみなさんにワーク・ライフ・コミュニティ・バランスの意味を感じてもらうことにしたのです。

そこで、まずは自分の時間配分を考えてみることにしました。

睡眠時間は1日平均5時間なので1週間で35時間（21％）、仕事は基本的に定時帰りなので39時間（23％）、通勤時間等の雑時間を10％として17時間、毎朝3時から7時まで行っている朝活時間（SNSやコミュニティ活動の資料づくり、読書など）が28時間（17％）。

ここまでがルーティンとしてある程度決まっている時間です。そう考えると、何も決まっていない時間が49時間（29％）もあることに気づきました。

この後藤型ライフスタイルのうち、睡眠時間を1日平均5時間から6時間とし、朝活時間をなくすと一般的なライフスタイルになります。そうした場合、なんと、その他の時間は70時間（42％）にもなるのです。

投資的経費に当たる「その他の時間」を確保する

1週間の時間割を考えていくうちに、私はあることに気づきました。

それは、**1週間の時間配分は、自治体の予算に当てはめられる**ということです。

つまり、「睡眠」「仕事」「雑時間」は生きていくうえで必要不可欠な時間です。その点では義務的経費と考えることができ、自らの考え方で自由に使える「その他」の時間は投資的経費に捉えることができます。

自治体の政策をよりよいものにしていくためには、投資的経費の割合を増やし、かつ、その質を高めることが大切です。同じように、**ワーク・ライフ・コミュニティ・バランスをよりよいものにしていくためには、投資的経費に当たる「その他」の時間を確保し、その時間の質を高めていくことが大切**なのです。

そのためにはまず、可能なかぎり時間外勤務をしないことが大切です。投資的経費を確保するためには、義務的経費の割合を増やさないことが重要ですが、睡眠時間を削って体調を崩してしまっては本末転倒です。

そう考えると、何より優先すべきは、仕事の時間を増やさないこと。義務的経費に当たる「仕事」の割合が増えなければ、「その他」の割合を確保することができます。

「その他」の時間を量的に確保することができたら、次に考えるのは質の向上です。質を高めるうえで大事なことは、ライフとコミュニティのバランスです。

「その他」の時間は家族と自分、あるいは仲間のために使う時間です。このうち、基本的には家族のために使う時間がライフ、自分と仲間のために使う時間がコミュニティに該当します。これらの時間配分をバランスのとれたものにしていくことが質を高める第一歩であり、そのうえで、各活動の質的向上に取り組んでいくことが大切です。こうした意識を持つことで、自然とワーク・ライフ・コミュニティ・バランスはよりよいものになっていきます。

「地域活動や自主研活動をしたいけど、それに費やす時間やお金がない」といった悩みをよく聞きます。残念ながら副業が制限され、給与体系が確立している公務員にとって、お金を生み出すことは難しいでしょう。しかし、**1週間の時間配分を意識することで、時間を生み出すことは可能**になります。

05

「自分の時間」は自分でつくれる

育児をきっかけにはじめた朝活

「仕事と育児に追われて、自分の時間がつくれない」

結婚、出産、育児など、人生の節目あるいは転機となる出来事が多い30代によくある悩みでしょう。私自身、1人目の子どもができたとき、どうやって自分の時間を確保すればよいか、とても悩みました。その結果、たどり着いたのが「朝活」です。

子どもと一緒に就寝し、子どもより早く起きれば自分の時間を確保できる。そう考えて、それまでの深夜0時就寝、朝7時起床の生活を大きく見直し、**午後10時就寝、午前3時起床、午前7時に朝食・身支度というライフスタイル**に大きく変えたのです。

睡眠に充てる時間帯をずらし、睡眠時間を多少短くすることで、自分だけの時間を4時間も確保することができました。

これにより、夕食後、テレビを見ながらPCに向かうというダラダラした生活や、PCに向かいながらの育児も改善することができました。また、私が子どもの寝かしつけを担当することで、妻も自分の時間を確保することができます。この時間を利用し、妻は深夜に録画したドラマを楽しんでいるようです。

3時起床の朝活で一番時間を割くのは、メールやフェイスブックのメッセージへの対応や投稿です。

多い日だと、1日あたり30通くらいのご連絡をいただきますが、その大部分は朝活で対応。また、執筆活動も朝に行います。誰かに話しかけられることのない早朝は、文章を考えるうえで最良の時間帯です。

このほか、東北OMをはじめ、コミュニティ活動を行うのも朝活の時間です。勉強会などが近づくと、配布資料やシナリオの作成、名簿の管理などで、朝活時間の大部分を割かれます。

ワーク（仕事）関係のことも、この時間を活用する場合があります。マストでしなければならないことは勤務時間中に行いますが、**仕事の質を上げるための個人的な作業、たとえば仕事関係の情報収集や会議資料の読込みなどは、この朝活時間を利用する場合があります。**

早起きは三文の徳

私は、決してもともと早起きが得意だったわけではありません。

しかし、朝の時間帯が持つ魅力を知り、アラームで無理して起きているうちに、いつの間にか普通に起きられるようになりました。慣れというものは怖いもので、今では就寝から5時間後に勝手に目が覚めます。

なぜ、そうなってしまったのか。その理由は朝活にたくさんの魅力があるからです。

第一に、睡眠により頭がリフレッシュしているので、**疲れ切った夜よりも格段に集中力を発揮することができる**。第二に、**夜と違いバラエティ番組のような誘惑もない**。第三に、これはあくまでも個人的見解ですが、**研ぎ澄まされた朝の空気感は頭の回転をよくする効果もある**ように感じます。

まさに、早起きは三文の徳。みなさんも、ぜひ早起きをしてみてください。

小さなことから
はじめる勇気、
はじめたことを
大河にする根気

06

北川正恭さんの素敵な言葉

「小さなことからはじめる勇気、はじめたことを大河にする根気」

これは元三重県知事の北川正恭さんの言葉です。何か新しいことに取り組もうとしたときに、頭の中でイメージするだけ、あるいはイメージしたことを提案するだけでは、思いっぱなし、言いっぱなしで終わります。

事を起こす、つまり、**行動するからこそ、新しい価値を生み出すことができる。**そして、事を起こすうえで大事なことが、北川さんの言葉にある「はじめること」、そして「続けること」です。

何か新しいことをはじめるとき、最初から大きなことを仕掛けようとすると腰が引けてしまいます。そこでまずは小さな一歩からはじめてみましょう。一方、一度はじめたことは続けることで徐々に成果が上がり、その活動の価値が高まります。

北川さんの言葉と出会って以降、これが私にとっての行動指針となり、さまざまなことを仕掛け、その活動を継続することができています。そこで、こうした経験をふまえて、「はじめること」と「続けること」、この2つの秘訣をお伝えします。

知域活動への参加から知域活動の仕掛け人へ

知域活動のスタートには、2つのステップがあります。

最初のステップは、**他者が主催するものに参加する受動的なスタート**。そして、**2つめのステップは、自分で何らかの活動を仕掛ける主体的なスタート**です。

私の場合、最初のステップが「フォーラムKGPMへの参加」であり、2つめのステップが「東北OMの立ち上げ」です。知域活動に参加しているうちに、いつの間にか自分が知域活動の仕掛け人になっていました。

具体的には、フォーラムKGPMに参加するうちに、「こんな意義のある活動なら、後輩たちにも参加してほしい」という思いが募り、後輩たちを誘ってみたのです。

しかし、後輩たちは「セミナーだけのために高いお金をかけて関西まで行けない」と、けんもほろろな返事。当時はLCCがなく、東北から関西までは交通費だけで5万円程度かかるため、そんなリアクションでも仕方がないと感じていました。

ただ、そこで、私は諦めませんでした。「もし参加できない理由が経済的なものならば、地元・東北でKGPMのような場をつくれば、後輩たちも参加してくれるかもしれない」と考え、仲間と協力しながら東北ＯＭを立ち上げたのです。

はじめる秘訣は「仲間」「目標」「期日」

活動をはじめるための秘訣は、３つあります。

１つめは、**少人数の仲間をつくる**こと。

何かをはじめる際は、仲間と共にはじめることで不安な気持ちを抑えたり、責任や負担を分散したりできます。

注意してほしいのは、少人数ではじめること。仲間が多すぎると活動に対する想いも多様化します。そのため、活動のコンセプトがまとまらず、途中で空中分解してしまう可能性が高くなります。まずは2、3人、多くても5人程度でじっくり話し合い、活動の骨格が固まったら少しずつ仲間を増やしていきましょう。

２つめは、**身近で達成できそうな目標を立てる**こと。

まずは身近で達成できそうな目標を掲げ、目標達成に全力を尽くします。そして、その目標を達成したら、また達成できそうな次なる目標を掲げチャレンジしてみる。

このプロセスを繰り返し、小さな成功体験を積み重ねることが自信を生み、質の向上へとつながっていくのです。

3つめが、**期日を定める**こと。

このポイントが最も重要です。私は、**「いつかやる」は「いつまでもやらないはじまりの言葉」**だと思っています。

私は仲間と共に「東北ＯＭ」を２００９（平成21）年6月にはじめました。そのときの発起人は3人です。そして、最初に掲げた目標は、**3人でもいいから、まずは勉強会を開催してみる**という低い目標でした。そして、同年の2月に発起人3人で話をし、5月までに立ち上げようと期日を定めたのです。これが東北ＯＭの活動がスムーズにスタートを切ることができた要因です。

続ける秘訣は「継続的な共感の発信」

東北ＯＭの活動で大事にしていることは、共感を発信し続けることです。

この**継続的な共感の発信が活動を続けるうえで大事なポイント**です。それでは、どうすれば共感を発信し続けることができるのでしょうか。そこには2つの大事なポイントがあります。第一に「魅力」です。その活動自体が魅力的でなければ共感を得ることはできません。そのことは多くの方が認識していることだと思います。

「魅力」のほかにもう1つポイントがあります。それが「信頼」です。案外、この2つめのポイントに気づいていない方が多いのではないでしょうか。

活動の実践者が周囲から「信頼」を得ている場合には、その活動の魅力は自然と高まります。それは「信頼」という付加価値がつくからです。また、活動が魅力的なものになるよう周りが勝手にサポートしてくれることもあります。これに対し、**あまり「信頼」されていない場合には活動が魅力的なものであっても、多少割り引いた評価になってしまう**可能性があります。実際、みなさんも「○○さんのすることなら間違いない」とか「△△さんがすることだと心配だ」などと、活動の魅力的価値を人で判断したことがあるのではないでしょうか。

この共感については、CHAPTER5（205〜206ページ）でさらに詳しくお伝えします。その中で、「魅力」と「信頼」はどうすれば備わるのか改めてお話しします。

コミュニティを
広げる、
つなげる

07

複数の知域活動がもたらすもの

3人ではじめた東北まちづくりオフサイトミーティング（東北OM）のほかにも、私はさまざまな知域活動に取り組み、「ワーク・ライフ・コミュニティ・バランス」を実践しています。

ここでは、主な活動をご紹介します。

東北OMと山形OM

東北OMの活動は、私が最も力を注いでいる取組みです。

東北OMは、東北管内の自治体で働いている職員を中心としたネットワークで、2009（平成21）年6月に発足しました。活動目的は、東北管内における地域活性化に資する人材育成。そのための手段として、定期的な勉強会の開催やメーリングリスト、フェイスブックなどを活用した情報交換などを行い、多様な人材が集まる場づくりを行っています。

東日本大震災の際には、東北ＯＭとしてボランティアバスを走らせ、被災地でがれきの撤去作業を行いました。また、宮城県南三陸町では震災の現実を知るためのスタディツアーを開催。これをきっかけに、山形県酒田市で南三陸町の住民を招いた防災シンポジウムが行われました。また、メンバーの人脈を活かし、岩手県釜石市でチャリティライブを開催するなど、被災地とそれ以外の地域とをつなぐ場づくりにも取り組んでいます。

これらの活動が評価され、２０１５年には、第10回マニフェスト大賞において最優秀復興支援・防災対策賞とともに、グランプリ（市民の部）も受賞しました。

現在、東北ＯＭの活動は、他地域にも広がりを見せてます。

東北以外の地域から東北ＯＭに参加したメンバーが、自分たちの住んでいる地域にも同じようなネットワークを立ち上げようと考え、その結果、**九州ＯＭ**や**四国ＯＭ**、**上州ＯＭ**などが発足しました。

一方、その流れとは別に、**ＤＭＮ35**（宮城県）や**チーム青森**、**福島ＯＭ**、**秋田ＯＭ**など、東北の中で県単位のネットワークも設立されました。

こうした動きに呼応するかのように、山形県内で発足したものが**山形ＯＭ**です。東北ＯＭと山形ＯＭとは活動内容が類似していますが、活動目的は大きく異なります。東北ＯＭは、多種多様な情報が収集できる反面、県をまたいだ取組みとなるため、直接的な連携までは発展しにくく、インプット中心の活動となります。

逆に、山形ＯＭは山形県内で働いているメンバーが集まるため、オフィシャルな連携につながる可能性があります。そこで、将来的にはもっと民間分野の方々にも参加していただき、アウトプットにつながる活動をめざしていきたいと考えています。

いずれにしても、ＯＭのようなネットワーク活動は、活動範囲や内容、メンバー構成などによって、得られるメリットが異なるため、目的に応じて使い分けることが重要です。

西山形の酒を造る会

私が地元・山形で取り組んでいる知域活動が「西山形の酒を造る会」の活動です。

山形市西部にある西山形地区（柏倉・門伝地区）は昔から酒米と湧水が湧き出る地域でした。そのような地域で生まれ育った住民の方々が、「自分たちの地域でとれた米と湧水で自分たちが飲みたいと思う酒を造るべ」という想いからこの活動ははじまりました。

地区名を冠した純米酒「柏倉門傳」は、地元でとれた山形県産米「出羽燦々」と白鷹山系の湧水を用いて造られます。醸造は市内の男山酒造が担当。会費1万1千円を払って会員になると、年末に1口につき四合瓶8本を受け取れるほか、田植えや稲刈り、新酒発表会などのイベントに参加できる、地域資源を使った地域おこしの活動です。

この活動に参加し、住民ニーズは一様ではなく、同じ地域内でも人によって異なることや、「自分たちの地域をよくしよう」と考えている人たちの住民力、あるいは地域の声を聞かずに政策決定をしている自治体（職員）の未熟さなどに気づかされました。

また、市の職員というだけで、すんなり活動に参加できたことから、他の職種に比べて公務員は地域に飛び出しやすいということも実感できました。

この会の清石《せいいし》孝男会長にはじめてお会いした際に、**「仕事以外の時間まで、まちづくりのことを考えている役所の職員がいるとは思わなかった。本当にうれしい」**と言われたことは今でも鮮明に覚えています。

この活動を通して、私のようなプライベートで活動している自治体職員が、それぞれの地域コミュニティに1人でもいれば、その地域が元気になっていくとともに、**もっと地域住民と役所との距離も近づく。**そう信じています。

これからも、西山形のみなさんから多くのことを学ぶとともに、住民と役所をつなぐ架け橋のような役割を果たしていきたいと考えています。

つながる企画委員会

これからのまちづくりのキーワードは「福祉」です。

高齢化社会が進展していく中で、**今後、いかなる部署に配属になったとしても、高齢者のニーズや行動パターンについて知っておくことが、良質な行政サービスを提供**

することにつながります。

そこで、公私にわたり、福祉関係のみなさんと連携しながらさまざまな活動に取り組み、その結びつきを強め、彼らから高齢者に関する情報を学ぼうと考えています。

こうした想いで活動しているのが、「つながる企画委員会」です。

このグループには、福祉関係者に加え、医療、まちづくりファシリテーター、薬剤師、行政職員など、多職種のメンバーが参加しており、介護を意識していない世代に対して、介護のことを考えてもらうための方法について検討してきました。

その結果、考え出したものが、災害対応カードゲーム「クロスロード」の介護準備版です。災害時と同様、介護に直面したときも、いろいろな場面で難しい選択を迫られます。たとえば、**親が認知症となり、日常的に介護が必要になったときに、仕事を続けるか**もその1つでしょう。

こうしたシチュエーションのもと、仕事を辞める／辞めないといった選択に迷う2つの選択肢の中から、グループワークのメンバーそれぞれが思い当たるほうを選択し、一斉に意思表示を行います。そのうえで、メンバー1人ひとりが、その選択肢を選んだ理由を説明し、意見交換を行いながらグループ内で意見や考え方を共有するというゲームです。

このゲームの肝は、**自分と異なる選択肢を選んだメンバーの意見に耳を傾ける**こと。これにより、これまで持ち合わせていなかった考え方を知り、実際にそういった場面に遭遇したときに、選択の幅を広げ、その状況に合った適切な判断を下すことにつながればと思っています。

東北OMに学ぶ「チーム力」の高め方

08

優秀なフォロワーと連携・協働する

なぜ、東北ＯＭは成功したのか？　その要因は４つあります。

１つめは、**フォロワーシップを持つ多くの仲間（フォロワー）の存在**です。

東北ＯＭでは、発起人の１人である私がリーダー的な役割を担っています。しかし、私の役割以上に、私をサポートしてくれた優秀なフォロワーの存在が、東北ＯＭを成功に導いた最大の要因です。

どんなに優秀なリーダーでも個人の力には限界があります。そのため、仕事でもプライベートの活動でも、その限界を補ってくれるフォロワーの存在は必要不可欠です。幸いにも、東北ＯＭに参加する、多くの多才なメンバーがフォロワーとなり、**メンバー間で強みを活かし、弱みを補い合う**関係が構築できたのです。

自分にない能力を持つ仲間は重要です。たとえば、情報発信ツールとしてウェブサイトを活用したいと考えたときに、精通したメンバーがいれば、自分にスキルがなくてもすぐに行動を起こすことができます。

仕事でも、自分の弱みを補ってくれるパートナーを役所内外に見つけることで、仕事の質は上がります。

私は公共交通の仕事を担当しているときに、社会福祉協議会をはじめとする福祉関連団体と連携していました。それは、交通弱者である高齢者のニーズを知るためには、高齢者の状況に精通している団体との連携が有効だからです。

感動を与える

2つめは、**活動内容が身近で刺激的・感動的**ということです。

とりわけ重要なのが、感動的であること。多くの人が、東京ディズニーランドに何度も足を運ぶのは、アトラクションやパレード、レストランなどにおいて、ゲストが感動するさまざまな仕掛けが施されているからです。

同様に、東北OMでも「参加してよかった」と感じるような仕掛けづくりをしています。


人はどうすれば感動するのか。

「相手の想像以上のことを実践する」——これが私の答えです。

東日本大震災から数か月が経った頃、福島市で東北OM勉強会を開催しました。そのとき、私たちは、福島県以外の46都道府県すべてから福島県のみなさんへの応援メッセージ写真を集め、エンディングムービーとして流しました。

全都道府県から写真を集めることには、想像以上に苦労しましたが、今でも、参加した多くのみなさんが涙を流しながらムービーを見ている姿を鮮明に覚えています。

こうした1つひとつの感動的な仕掛けが東北OMのリピーターを増やし、東北OMのチーム力アップにつながっています。

この「相手の想像を超える」ことは、仕事でも大切です。そして、それは小さなことでもかまいません。たとえば、**異動したときなどに、前担当者よりも足繁く現場に顔を出す、あるいは仕事の相手先にこれまでよりも密に連絡をとる。**これだけで仕事の相手先に感動を届け、信頼を得る場合があります。このように、相手の意識の上をいくことは、相手に感動を与え、その活動への賛同者を増やすことにもつながります。

誰もが主役になれる仕掛けづくり

東北ＯＭでは、勉強会の司会や事例報告など、重要な役割を10代や20代の若手メンバーや活動に参加したばかりのメンバーに任せました。これらのメンバーは、普通に参加しただけでは、どうしても東北ＯＭの活動を他人事として捉えてしまいがちです。しかし、大事な役割を担うことによって、東北ＯＭの活動を「自分事」として捉えてくれるようになります。このように、**当事者意識を持つメンバーが多いほど、その活動は魅力的なものになります。**

これは、仕事でも大切です。

部下や後輩たちには、積極的に役割を与えましょう。その際には、相手の特性や資質を見ながら任せる役割を決めてください。そして、**任せたからには可能なかぎり指示は行わない**こと。ただし、見えないところでのフォローや相談を受けたときの対応はきめ細やかに行います。その積み重ねが、部下・後輩に自信を与え成長を促し、それがチーム力アップにつながります。

自主的に参加したくなる雰囲気づくり

これは、**「やらされ感」を抱かせない雰囲気づくり**と言い換えることができます。

東北OMの活動は、仕事でもなければ、家庭のことでもありません。あくまでもメンバーが自主的に行う活動です。そのため、仕事が忙しかったり、育児に追われていたり、ほかに優先すべきことがあるときなどは、どうしても参加できない時期があります。参加を強制し、メンバーにやらされ感を抱かせないことが大切です。

やらされ感が漂うと、活動から身を引く原因になり、仕事であればモチベーションの低下をもたらします。メンバーが辞めることやメンバーのモチベーション低下は質の低下を招きます。つまり、活動の魅力が低下する原因となりますので、やらされ感のない仕掛けづくりを実践していきましょう。

「コミュニティ」を「ワーク」「ライフ」に活かす

09

「コミュニティ」は「ワーク」と「ライフ」を補完するもの

「家庭は大丈夫ですか?」「本当に仕事しているのですか?」

東北OMをはじめとするコミュニティの活動を行っていると、いろいろな方にこう聞かれます。

あくまでも自己解釈ですが、私は職場でも家庭でも一定の評価を受けていると思っています。なぜなら、**職場でも家庭でも決して「浮いていない」**自信があるからです。

私はさまざまな活動に取り組んでいますが、1つ肝に銘じていることがあります。それはワーク・ライフ・コミュニティ・バランスを整えるにあたって、決して**「コミュニティを中心に考えない」**ということ。コミュニティはあくまでもワークとライフを補完するもの。この順序を忘れてはいけません。

そして、コミュニティがワークとライフを補完するものであるならば、**コミュニティで得たものを残りの2つの要素に活かす**ことが重要です。

「コミュニティ」の「ライフ」への活かし方

コミュニティで得た人脈を、ワークだけでなくライフにも活かすことで、家族の納得が得られます。

たとえば、以前、家族で九州旅行に出かけたときのことです。仙台空港を発ち、福岡空港に降り立ち、その後、４泊５日で福岡県から佐賀県、そして、長崎県を巡る行程でした。この間、私はなんと一度も公共交通機関を使うことなく移動することができました。なぜかといえば、すべて仲間が送迎してくれたからです。しかも、うちの子どもが喜びそうなスポットを立ち寄り、私たち家族をもてなし、楽しませてくれたのです。これにはうちの妻もビックリでした。

また、ほかにも、秋田県の仲間が企画したマタギ体験合宿に息子と一緒に参加した際は、お米を潰す作業からはじめるきりたんぽづくりや鶏をさばく体験などを通して、命をいただくという意味を父子で学ぶことができました。

このように、**コミュニティで得た人脈を活かして、普段の生活では得られない体験**

を家族が経験できるようにすることで、家族の納得が得られます。

ここで大事なのは、家族には「理解」まで求めることはせず、「納得」に留めること。**「理解」は応援、「納得」は諦め**です。全面的な応援まで求めてしまうとハードルが高くなりますが、「ときどき、家族にもメリットがあるから、多少の課外活動は認めてあげるか」という諦めくらいなら、ハードルは低くなるのではないでしょうか。

「コミュニティ」の「ワーク」への活かし方

コミュニティのワークへの活かし方は、3つの「ション」がキーワードです。

コミュニティの活動を実践していると、多様なつながり、いわゆるネットワークができます。そして、**インフォメーション（情報）、モチベーション（やる気）、コラボレーション（連携）という3つの「ション」**を得られる機会が増えます。そして、この3つの「ション」の高まりを活かすことで仕事の質も高まります。

このネットワークによるメリットを3つの「ション」で整理する考え方は、新潟市職員の渡邉秀太さんに教わったものです。

みなさんは、上司から資料作成の指示を受けたとき、インターネットで情報を収集すると思います。このネットで入手できる情報は、誰もが得られる情報です。

これに対し、人伝でネットワークから得られる情報は、誰もが得られる情報ではありません。つまり、**多様なネットワークを持つことで、他の人が手に入れられない独自の情報を入手できる可能性が高まる**のです。


かつて、中核市への移行に関する業務を担当していたときに、中核市以上の自治体が中心市となることが認められる「連携中枢都市」について調べるよう上司から指示を受けたことがあります。

その際、いろいろと調べていくうちに、連携中枢都市のモデル都市に選定されている自治体の担当者が自分の仲間であることに気づきました。そこで、その仲間に連絡をとり、中心市となったときに受けられる財源措置の具体的な内容など、ネット上には示されていない生の情報をいろいろと聞くことができました。当然ながら、そうした情報は政策判断を行うために有益なものであり、これらの情報をまとめた資料を上司に提出した際、非常に満足してもらえたことを覚えています。

答えのないレゴブロック型社会では、こうした誰もが得られるわけではない情報を入手できる情報収集力が大きな武器になります。実際に、私はネットの情報だけでは判断できない場合には、その情報を具体的に知っている仲間に実状を確認します。また、他の部署からの「〇〇市に知り合いがいるなら、取組み状況を調べてもらえないか」といった依頼などには、積極的に対応するようにしています。

コミュニティの活動で得た多様なつながりを活かし、新しい取組みをはじめることも可能です。こうした流れを私は**「オフからオンへ」**と呼んでいます。

たとえば、私は各地域で公共交通に関する住民との意見交換会などを実施しましたが、その多くはプライベートの活動で知り合った地域包括支援センターなどの福祉関係者の方々との連携によって実現したものです。これも「オフからオンへ」を実現した取組みの1つといえます。

CHAPTER

3

30代からの働き方改革

働き方改革の目的は、働き方を変えること

01

働き方改革＝時間外勤務の削減ではない

働き方改革において、時間外勤務の削減は「結果」であり、「目的」ではありません。本来の目的は、働き方を変えることです。**やり方を変え、仕事を効率化し、かつ質を高める。その結果、ムダな仕事がなくなり、労働時間が削減される。**これこそが、働き方改革の正しい考え方です。

しかし、残念ながら現在の働き方改革は、結果であるはずの時間外勤務の削減が数値目標になっているため、組織も管理職もそればかりを気にしています。

労働時間を減らす方法は３つあります。

１つめは、質を落とすこと。今まで行っていた仕事を単純にやめれば仕事の質は落ちますが労働時間は確実に減ります。２つめはサービス残業を行うこと。これは、組織や管理職にとって都合のよいように表面上の労働時間は減りますが、実質的な労働時間は減りません。３つめは仕事のやり方を変えること。仕事のムリ・ムラ・ムダをなくし、効率的な仕事に取り組むことで徐々に労働時間は減っていくでしょう。

公共サービスを提供するため、強制的に税金を徴収している役所において、質を落とすことは絶対にあってはなりません。また、実質的な労働時間の削減につながらないサービス残業が増えれば職員はどんどん疲弊していきます。

そう考えると、**選ぶべき道は、ただ1つ。仕事のやり方を変えるしかない**のです。

仕事のやり方を変える第一歩はムダをなくすこと

本当はやめてもいいと思っているのに、やったほうが無難だからやっている――。

みなさんの周りには、そんな仕事はありませんか？

以前、私は会議を打ち合わせに変えて、事務を簡略化したことがあります。

具体的には、それまで「関係係長会議」という名称で実施していた情報共有の場を事務打ち合わせに変え、案内文書の発送をやめました。これにより、日程確認→案内文の作成→起案文書の作成→決裁→案内文書の発送→会議というプロセスで実施していた一連の作業が、対象となる係長への電話による案内（日程調整も併せて実施）→会議というプロセスですむようになり、事務の簡略化につながりました。

参加者の中には「案内文を送ってもらえますか」と聞いてきた職員もいました。これに対し、私は「打ち合わせなので、簡易的な手続きをとらせてください」と伝えました。「会議」という位置づけだと案内文書が必要な気がしますが、「打ち合わせ」だと必要ない気がします。そうした意識を上手に活用し、ムダをなくしました。

こうした**「やらなくてもいいのに、無難だからやっている」仕事に対する疑問や違和感に気づくことこそ、改善の第一歩**です。やめても問題がないなら、やめる方法を考えましょう。やめる理由や、やめても問題にならない根拠をしっかり説明したり、今までよりも効率的な代案を示したりすれば、上司はきっと納得するはずです。

仕事に対する意識を変えよう

行革推進課で時間外勤務の削減を担当していた頃、私は管理職のマネジメント能力が一番大事だと考えていました。しかし、どんなにマネジメント能力が高い管理職でも、部下全員の仕事量を正確に把握することは難しいでしょう。まして、20人も30人も職員がいる課の課長では不可能です。そう考えると、結局のところ、忙しいか、そうでないかをはっきりと認識できるのは本人だけなのです。

「自分が社長だったら、自分のような働きぶりの社員に給料を払いたいだろうか」

私は、常にこう自分に問いかけます。

みなさんも一度、自分の働きぶりをふり返ってみてください。しっかり給料を支払いたいと思える働きぶりになっていますか？　ムダな時間外勤務をしていませんか？

こうした意識を持つことが、やり方を変えるきっかけです。もちろん、時差出勤やノー残業デーなどの制度を整えることも重要ですし、管理職のマネジメント能力を高める取組みも有効です。ただ、それ以上に大事なことは、**「役所のコストで最も高いのは人件費。だからムリ・ムラ・ムダをなくし、時間外勤務を少しでも減らそう」**という意識を職員1人ひとりが持つこと。その結果として時間の余裕をつくることが、「ワーク・ライフ・コミュニティ・バランス」の実践につながるのです。

「疲労対効果」も考えてみよう

私たち自治体職員は、民間企業に比べ、コスト意識が足りないと言われます。そのため、「費用対効果」を考えることは大事です。でも、私はその前に、「疲労対効果」も考えなければならないと思っています。

費用対効果は、かけた「費用」に対する効果の量です。一方、疲労対効果はかけた「労力」に対する効果の量です。

「労力」は、職員1人ひとりの資質や意欲によっても差があるので、単純に労働時間だけで測ることはできません。そのため、費用対効果以上に判断が難しいものです。また、自治体職員は人件費に対するコスト意識が低いため、疲労度が増す時間外勤務により費用が高くなっているという意識が希薄です。そのため、疲労対効果が低くても、すぐに事業や業務を止めるという判断には至りません。

しかし、労力をかけて効果が上がらないものならば、いっそのこと何もしないほうがましな場合もあります。ムダな仕事をやめて、職員の疲労度を下げ、新しいことを考えるためにフレッシュな状態にする。このほうが、個人としても、組織としても生産性は高まるはずです。

仕事のスピードを高める3つのコツ

02

スピードこそ、最大の付加価値

佐賀県武雄市の前市長・樋渡啓祐さんは、「スピードこそ、最大の付加価値」と言います。

「お役所仕事」と揶揄されるように、自治体の仕事はフレキシブルに対応できる民間企業よりも一般的に時間がかかると思われています。

そのようなマイナスイメージだからこそ、今までよりもすばやい対応を心がけることで、自治体のサービスに対する付加価値は高まります。また、「仕事が速い」と周囲に思ってもらうことで、自分自身の付加価値向上にもつながるでしょう。そこで、仕事のスピードを高める3つのコツをお伝えします。

なお、紹介する3つのコツに共通するのは、**「最高」ではなく「最適」をめざすこと。**仕事が増えている状況で、そのすべてを最高に整えようとすれば、それだけ時間を要することになり、時間外勤務にもつながります。費用対効果を考えながら、「最高」ではなく「最適」なレベルで仕事を行うことが、仕事のスピードを上げるための前提条件です。

「正確性」より「迅速性」

どんなに時間をかけて考えても、1人の発想では限界があります。また、セルフチェックだけではミスも起こります。そこで、私はどんなことでも、できるかぎりすばやく処理し、最大限、**自分の仕事を他者が確認できる状態にする**よう心がけています。

たとえば、資料をすばやく作成し、上司に早めに確認してもらえば、その内容について意見交換を行う時間を十分にとることができます。また、セルフチェックに時間をかけるくらいなら、チーム全体でチェックする体制を整え、みんなで確認し合ったほうが結果的に正確性も増します。

つまり、迅速性を重視し、職場内で対話や確認し合う時間を確保したほうが、仕事が早く終わるだけでなく、正確性も高まり、かつ、職場内のコミュニケーションも活発になるのです。

「完成力」より「修正力」

「修正力」という言葉も、前出の樋渡啓祐さんの言葉です。

最初から完璧なものをつくり上げる「完成力」に対して、「修正力」は、**一度できあがったものを、さまざまな意見や状況の変化に応じて見直し、完成度を高める力**です。

とりわけ修正力を意識するのは資料づくりです。どんなに完璧な資料をつくっても、必ずと言っていいほど上司から直されます。私も係長になってわかったのですが、部下から確認を求められると、何らかの修正を入れてしまいます。なぜなら、人はチェックを求められると、何かしらの指摘をしないと、責任を放棄しているような気になってしまうからです。少なくとも私はそのように感じてしまいます。

どうせ修正されるなら、最初から凝ったものとせず、上司の意見を聞きながらブラッシュアップしていくほうが時間と労力のムダになりません。

「お前の資料は、最初に見せてもらったときは大したことがないのに、不思議と二度目に見せてもらうときにはすごくいい内容になっているな。俺のアドバイスをアテにしているだろう」と直属の部長から言われたことがあります。

「もちろんじゃないですか。部長のことを頼りにしています」と返しつつ、心の中で修正力が認められたことを嬉しく感じたことを覚えています。

「考え悩む」より「訊く」

仕事の方向性で悩んだときは、迷わず関係者に意見や考えを訊きましょう。

昨今、他の部署や組織と連携して取り組む事業が増えました。

こうした協働の取組みを進めていく際には、パートナーとなる相手方との合意形成を図る必要がありますが、その際、「相手はどう考えているのだろう」と不安になり、なかなか捗らない人がいます。

こうした状況に陥らないよう、私は**相手の考え方が見えないときには、すぐに電話**

で**真意を確認する**ようにします。電話ならば、メールで確認するより時間がかかりません。そのうえ、こちらの考えが誤解なく伝わりやすいという利点もあります。

もちろん、記録に残したほうがよい重要案件の場合はメールが適していますので、適宜使い分けることも大事です。

副業から考える
パラレルキャリア
の必要性

03

「公務員の副業制度」の目的とは

「副業制度」の目的は、地域に飛び出す公務員を増やすことです。

２０１７（平成29）年８月、奈良県生駒市は、職員が職務外に報酬を得て地域活動に従事する際の基準を策定しました。これにより、自治体においても「副業制度」が話題に挙がるケースが増えたような気がします。

なぜ、生駒市は職員の副業を制度化したのか。この問いに対し、同市の小紫雅史市長は、同年11月に開催された「地域に飛び出す公務員を応援する首長連合サミット」において以下のように述べています。

「地域貢献をしている公務員に対し、然るべき対価として報酬を得る権利を与えてもよいのではないか。そのことにより、少しでも職員が地域に飛び出しやすくなる環境を整えたい。つまり、副業制度の目的は、地域に飛び出し地域貢献を行う公務員を増やすことへの寄与にほかならない」

この小紫市長のお話からもわかるように、生駒市が副業制度を導入した目的は、職員の副収入増加を狙ったものではなく、あくまでも職員が職務外の活動として地域活動に取り組む機会を増やすことにあるのです。

「ふくぎょう」が表す3つの意味

「ふくぎょう」には3つの意味があります。

①本業以外に副収入を得るためのサイドビジネス的な意味を持つ「副業」
②自らの幸福感を得るためにやりたいことに取り組む趣味的要素が強い「福業」
③新たな可能性の実験やキャリアの選択肢拡張をめざすパラレルキャリアとしての「複業」

このことを教えてくれたのは、キャリアコンサルタントの山本一輝さんです。

この3つの「ふくぎょう」を私の活動に当てはめてみると、自治体職員の価値やモチベーションを高めるための活動に取り組みたいと考え（福業）、担当業務ではない働き方改革や「ワーク・ライフ・コミュニティ・バランス」などについて実践し、そのことをさまざまな自治体の職員研修でお話させていただき（複業）、その対価として人事に営利企業従事許可申請を行ったうえで旅費や謝礼をいただいています（副業）。

3つの「ふくぎょう」のうち、複業、つまりパラレルキャリアに着目してください。CHAPTER1で述べたとおり、これからは答えのないレゴブロック型の時代です。そのため、従来とは違う視点で政策を考えることや多様なセクターと連携すること、あるいは新たなことにチャレンジするための実証実験などに取り組むことなどが必要となります。こうした点から、**仕事では得られない情報やノウハウ、人脈を得るための手段として、パラレルキャリアに取り組むことはとても有効**なのです。

公務員の「副業」に関する3つの基準

私が考える公務員の「副業」が認められる基準は3つあります。

憲法で「国民全体の奉仕者」と規定され、法律上、明確に身分保障がなされている公務員が報酬を伴う課外活動を行う場合には一定の基準が必要です。

その3つとは、**①本業が疎かになっていないこと、②地域や社会に貢献できる活動であること、③報酬額が適切であること**です。

公務員が副業を行う場合、仕事である公務を疎かにしていないことは大前提。仕事もせずにそれ以外の活動に取り組み、報酬を得ていたら公務員として本末転倒、国民全体の奉仕者としてあるまじき行為です。そのため、①が最も重要な基準です。

①の基準を満たしたうえで、課外活動が社会貢献につながる活動であれば、積極的に行うべきです。それは全体の奉仕者としての理にもかなっています。そして、社会貢献につながる活動であれば、可能なかぎり継続すべきだと考えますが、継続していくためにはそれなりに経費がかかる場合があります。そのため、私は①・②の基準を満たすことを条件に、報酬を得ることを容認すべきだと考えています。

ただし、**公務員という立場上、その報酬額は課外活動を継続的に実施していくための必要経費やその活動が生み出す効果などに見合った適切な金額であるべき**でしょう。

私も年に数回、執筆や講師の依頼を受けることがあります。こうした活動では、報酬（旅費や謝礼）を受ける場合もありますが、一方で、すべて自己負担で対応する場合もあります。身銭を切って取り組む理由は、自分の経験等を社会のために活かしたいという想いと、その活動を通して仕事に活かせる数多くの情報や人脈を得たいと考えているためです。

しかし、毎回、自己負担での対応になってしまうと、続けるのは難しくなります。そのため、報酬が支給される場合には職場の規程に従い適切な手続きを行ったうえで受け取り、課外活動に取り組んでいます。

ただし、公務員が副業で報酬を得ることについて、好ましくないと考える人たちも少なくありません。こうした市民感情に配慮するためにも、報酬額はその活動の対価として適正な金額かどうか、毎回、検証しながら受け取るようにしています。

めざせ
「認められるマイノリティ」

04

吹田市・後藤市長から学んだ「これから求められる人材像」

大阪府吹田市の後藤圭二市長は、これから求められる人材像を**「愛される宇宙人」**と表現しています。

後藤市長は、「これからは今までいなかったような宇宙人のような職員が必要だ。しかし、愛される宇宙人でなければならない。周りから**『あいつが言っているなら、しゃ〜ないなぁ』**と言われるような存在になることが大切だ」と話してくれました。

つまり、「愛される宇宙人」とは今までの考え方に縛られず、新しい発想でチャレンジし続ける一方で、周りの人間からも愛され、評価されている人財のことです。

「認められるマイノリティ」になるための必須条件

これまで私は「認められるマイノリティ」をめざして自己研鑽に励んできました。

「認められるマイノリティ」と後藤市長の「愛される宇宙人」は同義語です。だからこそ、私は後藤市長の考え方に大いに共感することができました。

外で得たものを自分の組織に取り入れようとすると、ときに抵抗が起きます。場合によっては、役所内の常識とは違う価値観を取り込む異分子扱いされる場合もある。そのときに、「あいつが言っているなら、しゃ～ないなぁ」と首長や上司、同僚に思ってもらえているかどうかで、受け入れられる可能性は大きく変わります。

今までと違うことにチャレンジする「宇宙人」が、組織の中でマジョリティになることはなかなかないでしょう。いつまで経ってもマイノリティのままかもしれません。

そうした状況で、コミュニティで得たものを仕事に活かすには、日頃から仕事を実直にこなし、職務を全うすることを通して、組織内で一定の評価を得ておくことが求められます。つまり、**仕事と志事（私事）のバランスをしっかりとることが、「愛される宇宙人」や「認められるマイノリティ」になるための必須条件**なのです。

知域活動への理解を深める方法

みなさんは、うまくいかない理由を組織のせいにしたことはありませんか？

一部の職員が取り組んでいる知域（コミュニティ）活動に対して、組織がすぐに全面的に応援してくれることはほとんどないでしょう。また、職員自らが人事などに売り込みに行ったとしても、すぐに取り合ってくれるケースは多くないはずです。それでは、どうすれば、組織は知域活動を認めてくれるのでしょうか？

それは、仕事で実績を上げる、あるいは他部署に他自治体等の情報を発信するなど、その活動で得たものを活かし、組織に貢献するしかありません。

だから、私は東北ＯＭの活動などを役所内で自ら積極的に売り込んだことは一度もありません。その一方で、たとえば、「自主研修としてフェイスブックに関する研修会を開催してほしい」という人事からの要望や、「○○市に知り合いがいたら情報を収集してほしい」という他部署からの依頼を断らないようにしています。

こうした**「組織に貢献する」という意識と実践が、自分たちの活動に対する理解を醸成することにつながる**のです。

また、役所内で自主的な活動を進める場合には、人事との連携はとても重要です。

私は「夜カツ勉強会」と称して、山形市役所の仲間と共に自主研修会を定期的に開催していますが、研修会の案内や会議室の借用許可などは人事にお願いしています。

そうした点からも、組織からの評価を得られるような地道な取組みが大事なのです。

役所の仕事は
1人の100歩より、
100人の1歩

05

マンパワーに関する考え方の変化

私が入庁して間もない頃、役所では「課長の仕事は予算と定数を引っ張ってくること」と言われていました。

当時は自治体の財源も豊かで、業務量に見合った職員数が配置されていました。マンパワーといえば、まさに総量を指しており、こうした時代背景から、課長の役割といえば、前年度以上の予算と職員数の確保だったのでしょう。

しかし、今は違います。多くの自治体が厳しい財政状況に陥り、この20年余りの間に大幅に職員定数を削減しました。一方で、社会課題は多様化・複雑化し、自治体職員が担うべき仕事も年々増え続けています。

予算や職員数が減り、仕事量が増えるということは、職員1人ひとりにかかる負担や責任も大きくなっているということを意味します。このことによって、マンパワーの考え方も「総量」から「1人ひとりの可能性」へと変わったと私は感じています。つまり、**職員1人ひとりが自分の役割をしっかり果たすという意味でのマンパワーが役所の生産性を高める**ということです。

1人の100歩より、100人の1歩が生産性を上げる

これから求められるのは、1人のスーパー公務員ではなく、100人の一歩踏み出す公務員です。人並み外れた成果を上げるスーパー公務員がいることは、もちろん有益です。しかし、その人だけで役所全体を変えることは難しいでしょう。なぜなら、どんなにすごいスーパー公務員でも、1人の力には限界があるからです。

逆に、1歩踏み出す公務員がたくさんいて、力を合わせて仕事に取り組むほうが、何倍、何十倍という相乗効果が生まれます。

住民ニーズが多様化している現代、1つのチーム（係）、1つの部署（課や部）で解決できる問題は限られています。ある課だけが前向きで、別の課は後ろ向きという状況では、政策を前に進めることはできません。

役所全体の生産性を向上させていくためには、**新しいことに臆することなく一歩踏み出すことができる前向きな公務員を1人でも増やさなければならない。**まさに、同じ100歩なら「1人の100歩より100人の1歩」が重要なのです。

CHAPTER

4

自治体職員が30代で磨くべき仕事術

仕事以上に成長できるものはない

01

ワークとコミュニティの違い

仕事では、苦手なことや、やりたくないことでも、決して逃げることはできません。特に、若手から中堅に差しかかる30代となれば、「未熟」という言葉で言い逃れすることはできなくなります。

これに対して、コミュニティに関連した活動はいつまでも好きなことだけをやっていられます。プライベートの時間を使っているわけですから、当然のことです。ここが、ワークとコミュニティの本質的な違いです。コミュニティの活動に取り組むことで、本業である仕事では得られない知識や人脈は得られます。しかし、**どんな状況でも、最優先すべきは仕事。** 結果が求められる仕事以上に成長できる機会はありません。

仕事で成長することを実感できた30代の出来事

「人は仕事で成長できる」――そう実感したのは、まさに30代のときです。

30代後半、私は都市政策課で、大規模開発などを許可する開発相談の窓口業務に従事していました。この部署への異動は希望したものではありません。私が希望していたのは、職員研修担当。しかし、残念ながらその願いは叶わず、そのため異動当初は仕事に対するモチベーションがまったく上がりませんでした。

しかし、ある出来事が私の心に火をつけたのです。

ある日、窓口にやってきた開発事業者の方に、私は「どんなご用件ですか？」と尋ねました。すると返ってきたのは、**「あなたじゃなくて、○○さんはいる？」**との返事でした。

開発事業者の担当者は何年、何十年とこの窓口を訪ね、いろいろな案件の相談をしています。一方、市の担当者は3～5年程度しか、その業務を担当することはありません。どちらがその制度に精通しているかは、言うに及ばずでしょう。

こうした状況から開発事業者は、その部署の中でも、最も制度を熟知し、かつ迅速に対応してくれる職員を見つけ出し、毎回、その職員を指名していたのです。

その様子を目の当たりにし、負けず嫌いの私に「負けたくない。**指名してもらえる職員になろう**」という気持ちが芽生えました。それがきっかけとなり、仕事へのモチベーションが回復し、一生懸命に制度の仕組みを覚えるとともに、許可の可否を伝えるだけではなく、許可が下りる方法を伝えるなど、相談者の気持ちに寄り添う窓口業務に取り組むようになったのです。

その結果、開発事業者からの指名数は徐々に増え、別の課への異動が決まった際には、ある方から「**後藤さんが異動すると相談できる人がいなくなって困る**」との嬉しい言葉をかけていただきました。きっと、歴代の担当者にも同じ言葉を伝えていることでしょう。それでも、私にとっては公務員人生の中で最も嬉しかった出来事です。

この経験を通して、法律を上手に解釈できる能力や相手の考えを聞いて、よりよい方法を提案する能力をスキルアップし、また、土木や建築に関する知識を吸収するなど、自分自身の成長を実感することができました。

希望していない部署こそ成長できるチャンス

意に沿わない人事異動で仕事のモチベーションが落ちてしまうのは、「公務員あるある」の1つでしょう。

かく言う私も、前述した都市政策課への異動など、意に沿わない異動を何度か経験してきました。ただ、当時の経験をふり返ってみると、そうした希望していない部署こそ、希望した部署への異動よりも成長する度合いが高いと感じます。なぜなら、**無知の状態からの学びこそ、飛躍的に自分をレベルアップさせるチャンス**だからです。

希望していない異動の場合、新たな業務に関する情報や知識は、異動するまで知らないことがほとんどです。私も都市政策課に異動するまでは、根拠法令となる都市計画法に関する知識はまったくなく、イチから覚えるしかありませんでした。

そのプロセスはとても大変でしたが、その経験があったからこそ、それまでまったくなかった都市計画に関する知識や見識が広がり、市職員としてのスキルアップにつながりました。

つまり、希望していない部署への異動は、学ばなければならないことが多く、苦労も多いものの、その苦労が自分自身の成長に大きな影響をもたらすのです。

また、希望していない部署が、専門職など異なる職種の職員が数多く在籍している場合には、案外、そうした職種との接点を失っている場合が多いと感じます。

たとえば、福祉系の部署なら保健師、都市計画や建設系の部署なら土木や建築といった技術系の職員などです。実際に、私自身も都市政策課に異動するまでは、技術職とのつながりはほとんどありませんでした。しかし、同じ都市政策課にいる技術職はもちろん、いろいろと相談しているうちに、道路や上下水道など、関係部署に所属する技術職とのつながりができ、役所内の人脈を一気に広げることができました。今、40代となり、係長職となって他部署とさまざまな調整を行うようになりましたが、このときに得た技術職とのつながりが、本当に活きています。

これらの経験を通して**「人は仕事を通して最も成長することができ、そして、その成長度合いは希望していない部署ほど大きい」**ことが実感できました。人事は自分の思いどおりにはなりませんが、捉え方次第でポジティブに考えることができます。

「できる」から はじめる意識、「できること」から はじめる行動力

02

「前例主義」ではなく、「善例主義」でいこう

20代までは「経験」を積むことが求められますが、30代は「結果」を出すことが求められます。

毎年同じことを繰り返していては、そのときに求められている正解を生み出すことはできません。また、前任者と同じことをしていても、その前任者以上の評価を受けることはないでしょう。だからこそ、前例踏襲から脱却し、改善すべきことは見直すとともに、新しい事業に着手していくことが大事なのです。

「前例主義」から脱却するために、まず行うべきことは、**今実施している仕事のやり方に疑念を持つ**ことです。法律や条例などの規定、国からの通知、これまでの慣習などが本当に正しいのか。また、自分たちの地域や時代にマッチしているのかなど、しっかりと検証することが大事です。

検証した結果、現状に合致していない場合には、思い切って今までのやり方を変える必要があります。そのとき、参考になるものが、他の自治体のやり方や民間企業の

ノウハウ、いわゆる「善例」です。まずは、その善例をＴＴＰ（徹底的にパクる）してみる。そのうえで、自分の自治体に合ったやり方にどんどんアレンジしてみる。それが、新たな善例を生み出すことへとつながっていきます。こうした一連のプロセスが、善例主義による仕事のやり方になります。

「できる」からはじめる意識を持とう

みなさんは**「ＤＮＡ運動」**をご存知ですか？

今、さまざまな自治体で「業務改善運動」が取り組まれています。この取組みをほかに先駆け、日本で最も早くはじめた自治体が福岡市です。

その運動名こそ、「ＤＮＡ運動」。ＤＮＡには、自治体の体質を遺伝子レベルから変えようという意図があります。また、ＤＮＡそれぞれのアルファベットにも意味があり、「Ｄ＝できる、からはじめよう」「Ｎ＝納得できる仕事をする」「Ａ＝遊び心を忘れずに」というキャッチフレーズが定められていました。

私が尊敬する自治体職員の先輩で、ＤＮＡ運動の担当課長だった元福岡市職員の吉村慎一さんは、当時をふり返り、ＤＮＡの中で「Ｄが最も大事だった」と話します。そのうえで、この言葉には**『できない』という意識を捨て、『できる』という気持ちを持つことで、できない理由ではなく、できる方法を考え改善に取り組んでほしい**」という想いが込められていたと熱く語っていました。

新しいことをはじめる際には、たくさんの困難にぶつかります。

対外的には、地域住民への説明や利害関係者との調整があります。また、それ以上に面倒なものが、役所内部の調整です。予算を伴う際には財政部門、人員を伴う場合には行革や人事部門との協議が必要になりますし、そもそも事業実施にあたっては、課長から首長まで順序立てて合意を得なければなりません。

また、場合によっては関係する部課長会議などの開催も必要です。こうした、変えることや新しいことをはじめる際の困難さが、前例主義から善例主義に変わることのできない一番の要因でもあります。

こうした煩わしさは、新しいことをはじめなければ、わが身に降りかかってくることはありません。そのため、**人は知らず知らずのうちに、できない理由を考えがちになります**。私にも、「予算がない」「この仕事はうちが所管している業務ではない」など、できない理由を並べて、新たな仕事を回避しようとした経験が何度もあります。

ぜひ、「できる」からはじめる、という意識を強く持ってください。

「できること」からはじめる行動力を身につけよう

成果は行動するからこそ生まれます。

どんなに優れたアイデアも、頭の中でイメージしているだけでは妄想にすぎない。また、言葉に出して誰かに伝えたとしても、そこで終わってしまえば、ただの評論家です。価値あるものは、行動するからこそ、生み出されます。

自治体職員は地域づくりの評論家ではなく、実践者です。住民のみなさんからお預かりした税金を有効活用するため、官の立場でまちづくりや地域づくりなど、公のために役立つ人材になる必要があります。

行動を起こす際に、大事なポイントは、「できること」からはじめることです。**最**

初から大きな成果をめざし、難易度が高いことからはじめると、結果が伴わなかったり、途中で頓挫したりしてしまう可能性も高くなります。

入庁6年目、納税課から高齢福祉課に異動したときのことです。はじめての人事異動で、納税課での滞納整理とは大きく異なる予算や経理の仕事に加え、老人クラブの支援なども担当することになりました。今から20年ほど前ですが、すでに老人クラブの会員数は減少傾向で、何かしらの対策を講じなければならない状態でした。

一方、各老人クラブに対する補助金の交付業務に関しては、高齢者が手続きをすることもあり、申請書の内容に不備が多く、申請を受理してから交付までにかなりの時間を要する状況でした。

老人クラブ関連の業務をはじめ、異動直後からすぐに取り組まなければならない課題が多く、経験不足の私には、何から手を着けていけばよいのか、わかりません。しかし、今までの仕事のやり方を漫然と繰り返していても、これらの課題を解決することができない。そう考えた私は、まず「『できること』からはじめよう」と考え、手はじめに補助金の申請から交付までの時間短縮に取り組みました。

私が取り組んだ改善は実に単純なことです。補助金の交付事務で最も時間を要していた原因が、印鑑の押し間違い、つまり補助金の申請書で使用している印鑑と補助金の振込先となる口座の届出印が違うことによるもの。

そこで、私は、補助申請時の必要書類に通帳の写し（届出印が確認できるページ）を加えることにしました。これにより、受付時に印鑑の違いを確認することができるようになり、また、何より**申請者自身が申請書の作成時に印鑑の重要性を意識するようになる**と考えたのです。

この改善により、それまで全体の10％以上あった書類の不備件数は5％以下に減少。また不備があった場合の早期発見も可能となり、迅速に対処できるようになったのです。そして、この改善が、老人クラブの取りまとめを行っていた山形市老人クラブ連合会事務局との距離を縮めるきっかけとなり、その後のさまざまなチャレンジへとつながりました。

「できること」からはじめ、小さな成功体験を積み上げていくことで、周囲からの理解も深まり、描いたゴールに向けて着実に前進することができます。

「できる」からはじめる意識と、「できること」からはじめる行動力。

この２つを身につけることで、前例主義から善例主義の自治体職員へと変身できます。そして、これにより仕事での成果も高まり、周りからの信頼を得ることができ、そのことが、組織内でのあなたの評価を高めることへとつながります。

善例主義のはじまりは、他自治体のTTP

03

民間企業間の関係は「競争」、自治体間の関係は「共創」

「きょうそう」という言葉は、同じ響きでも民官でその意味は大きく異なります。同じ市場の中で、互いに利益を競い合う民間企業間の関係は「競争」が前提です。自社が有する技術やノウハウは利益を上げる大きな武器であり、他社に開示することはほぼありません。まさに「企業秘密」です。

これに対して、自治体間の関係性を見ると、サービスの対象エリアは自治体によって異なります。そのため、同じ市場（エリア）の中で成果を競い合うことはありません。いわば地域独占機関であることが、前例踏襲を生み出す要因となっているのも事実ですが、一方で、**互いのパフォーマンスを高め合える「共創」関係を構築しやすい**というメリットもあります。

みなさんもわからないことがあって他の自治体に電話で問い合わせた際などに、個人情報などを除いて、ほぼすべての情報を教えてもらえた経験があるでしょう。「それは企業（自治体）秘密なので教えられません」などと言われたことはないはずです。

このように、**自治体間の関係は民間企業と異なり「共創」を前提としたＴＴＰ（徹底的にパクる）し合える関係**です。こうした関係性を仕事に活かすことが大切です。

ベンチマークを活用したハイレベルな横並び主義

私は30代のときに、地元・山形県にある東北公益文科大学大学院で「都市間比較型ベンチマーキング」の研究を行いました。その理由は、イギリスの自治体視察に行き、イギリスで重要視され、日本ではまだなじみの薄かった都市間（自治体間）比較について、日本に合った手法を研究したくなったからです。

日本の自治体は、行政評価などにおいて経年比較を行っています。

経年比較は、継続的な成果向上をめざすという点では有効です。しかし、たとえば全国平均が5という状況の中で、１から２に業績が向上したような場合、経年比較では◎でも、都市間比較では△と評価されるでしょう。このように業績やパフォーマンスは都市間比較をすることで、どのような水準なのか明らかになります。

都市間比較を行う際に有効な手法がベンチマーキングです。ベンチマーキングとは、もともと、企業等が製品やサービス、プロセスや慣行を継続的に測定し、優れた競合他社やその他の優良企業のパフォーマンスと比較・分析する活動です。

このベンチマーキングを自治体間で行うことにより、**自分の組織のパフォーマンスがどのレベルなのか把握できるだけでなく、ハイレベルな自治体を把握する**ことができます。

前述したように、自治体間の関係はＴＴＰし合える「共創」関係です。

そのため、ベンチマーキングにより優秀な自治体を明らかにしたうえで、その自治体の成功要因を探り、自らの仕事に活かすことで業績向上を実現することができるのです。また、こうした情報を自治体間で共有化することでハイレベルな横並びが実現し、日本の地方自治全体のパフォーマンスを向上させることができます。

これまで私が実践したＴＴＰ事例

自治体間の関係が「共創」関係ならば、他自治体のやり方を研究し、優れた取組みはどんどんＴＴＰするべきです。つまり、**善例をどんどん自分の組織の取組みに活かし、さらにアレンジし、バージョンアップしていくことで「善例」を生み出す。**これこそが善例主義なのです。

私もこれまで、他自治体の事例をＴＴＰし、さらにバージョンアップしたことが何度かあります。

直近でいえば、公共交通担当としてコミュニティバスの運行事業を担当していたときに、香川県坂出市をＴＴＰし、バス車内での児童作品展を開催しました。

その際、独自の取組みとして、あえてコンテストなどに選ばれたことがない作品を優先的に選定していただくよう学校側にお願いしました。

そこには２つのねらいがあります。１つは、**これまであまり学校外で自分の絵を展示されたことがない子どもたちに、公共の場で自分の絵が展示される機会を提供すること。**そして、もう１つは、**そうした児童のほうが、ご両親や祖父母が絵を見るため**

にバスに乗車してくれると考えたからです。このねらいが見事にはまり、子どもたちが絵の展示を喜んでくれただけでなく、作品展を開催した期間の乗車人数が他の月に比べて伸び、また沿線の小学校とも良好な関係を構築することができました。

他責にせず、自責で物事を考える

04

「他責」で物事を考える癖をやめる

仕事はいつも順風満帆なわけではありません。

30代になると、主要事業や新規事業を任されることが増えてきます。大きな予算を伴うものや庁内合意が必要なもの、部局横断的に取り組まなければならないものなど、他課の協力なしには実施できない場合がほとんどでしょう。自分の思いどおりに進まないケースが多々あります。

そんなときに、「財政課が予算をつけてくれないから」とか「関係課がやる気がないから」とか、うまく進まないことを誰かのせいにして、そのままにしている人がいます。これでは、その事業を一歩たりとも前進させることはできません。そして、これが「役所の仕事はスピード感に欠ける」と言われる一番の要因でもあります。

このように、できない理由を他者の責任にすることを「他責」と言います。これに対して、自分に責任を求めることを「自責」と言います。

これは、山形市職員有志で行っている「やまがた夜カツ勉強会」にお呼びした、元三重県知事の北川正恭さんから教わった言葉です。

新規事業の立上げに関して、この両者を比較した場合、**自ら努力をして事を成し遂げようと考える「自責」思考の人は、予算がつかなければお金がかからない方法を検討し、他課の協力を得られない場合には、自分たちだけでできることからはじめてみようと考える**はずです。そのため、他者をあてにして、主体的に動かない「他責」思考の人よりも実現可能性は高くなります。

まずは「他責」で物事を考えないよう心がけてみましょう。

「自責」で考える癖をつける

人はできない理由をついつい人のせいにしがちです。

ふり返ると、私自身も「他責」思考の職員でした。しかし、全国各地で活躍する「自責」思考の自治体職員と出会い、考え方が大きく変わりました。

たとえば、コミュニティバスの運行事業を担当していたときのことです。自分の思惑よりも予算がつかず、ＰＲ用のパンフレットを予定冊数分印刷することができなくなりました。きっと以前なら、「なんでだよ！」と嘆くばかりで、何の手立ても考えず諦めていたことでしょう。

しかし、「自責」で物事を考えるようになった私は、知恵を絞り、他課の予算を活用して製作する方法を考えました。これにより、予定どおりの冊数を予算の範囲内で印刷することができたのです。

「他責」思考から、「自責」思考へ。

考え方を変えるだけで、実現可能性は一気に高まります。みなさんも、どのような状況下においても自分が何を為すべきか考え実践していく「自責」思考を身につけましょう。仕事も今以上に面白くなるはずです。

仕事の「本質」を見極めよう

05

仕事を行う意味とは何か、目的意識を持とう

「あなたの担当している仕事の『目的』は何ですか？」

こう質問されて、すぐに答えを返せるでしょうか。自信を持ってすらすら答えられる人は案外少ないのではないでしょうか。しかし、目的こそが仕事に取り組むうえで最も大事なことです。

30代前半から中盤にかけて、私は行政評価業務を担当していました。行政評価では、第一に仕事の目的を考えるところからスタートします。それは、**「何のためにその仕事に取り組むのか」という目的の捉え方が違っていれば、いかに適正な仕事（作業）をしていても、それはまったく意味のないものになってしまう**からです。そうならないためにも、常に自分が担当している仕事の目的とは何かを考え、そのうえで手段を考える必要があります。

私がはじめて仕事の目的の大切さに気づいたのは、入庁2年目、納税課に在籍し、滞納整理業務を担当していたときでした。

当時、私が所属していた係の先輩の中には、督促状や催告書を送付するだけで、電話や訪宅による直接的な催告を行わない人がいました。滞納者の生活状況は1人ひとり違うのに、一様に対応する仕事のやり方に、私はとても違和感を覚えました。それは、彼らにとって、本来は手段であるはずの催告書の送付が、目的化しているように見えたからです。

仕事をしていると、手段が目的化してしまうことは往々にしてあります。だからこそ、仕事の目的を考えることが重要です。仕事の目的を意識することで、その目的を達成するためには、**どれくらいの予算（インプット）を投じ、どのようなサービス（アウトプット）を提供して、どの程度の成果（アウトカム）をめざすべきなのか**を考えるようになります。

つまり、**目的を意識することで、費用対効果を意識した仕事術が自然と身につき、それが仕事で成果を生み出すことになっていく**のです。ぜひ、みなさんも改めて自分の仕事の目的を考えてください。きっとそのことが仕事の質を高める第一歩になるでしょう。

さて、先輩の仕事ぶりに違和感を抱いた私は、滞納者（累積滞納額）を減らすことを仕事の目的と捉え、その目的を効率的に達成するため、どの滞納者にも同じように対応するという当時の仕事のやり方を変え、滞納者の状況に応じた催告の方法を考え、実践することにしました。その結果、自分が受け持った地区の滞納者及び滞納額を大幅に減らすことができたのです。

地域の本当の課題は何なのか、問題意識を持とう

人口減少、少子高齢化、過疎化など、現在、自治体の課題として挙げられている項目は、本当に解決すべき課題なのでしょうか？

実は、それは「課題」ではなく、単なる「事象」かもしれません。そして、**それらの事象が引き起こす住民生活に影響を与えている何かが、「真の課題」なのかもしれません。**この「真の課題」を適切に把握してこそ、実効性のある政策を実施することができます。私は、この一連の思考プロセスについて、30代後半に東京財団週末学校で徹底的に叩き込まれました。

人口減少を例に考えてみましょう。

人口が減ることは本当に地域にとってマイナスなことなのでしょうか？

人が少なければ少ないで、その規模に合った公共サービスのあり方を考えれば、もしかしたら現状よりも質の高い公共サービスを達成できるかもしれない。もし、そうだとすれば、人口が増加するための移住定住策に公費を投入するよりも、ほかにもっと有効な税金の使い方があるのかもしれない——。

そう考えると、人口減少は単なる事象にすぎず、人口が減少することによって引き起こされるマイナスの影響こそが「真の課題」といえます。

こうした観点から考えると、自治体職員にとって必要な問題意識とは、**「地域にとっての『真の課題』を把握しようとする意識」**です。

この「真の課題」を把握するための方法は、自分自身の心の中で、**「なぜ？」と何度も問い直す**ことです。

みなさんも、改めて自分の仕事をふり返ってみてください。そして、自分が課題と感じている「○○」について、「なぜ○○が問題なのか?」という問いから始まり、○○が引き起こす問題点や、○○を引き起こしている要因などについて、「なぜ?」を繰り返し、心の中で自問し続けることで、徐々に「真の課題」が見えてきます。

次項では、私自身が自問を繰り返し、真の課題を考えた経験をお伝えします。

法律の番人
ではなく、
上手に解釈できる
職人になる

06

法律の目的を意識しよう

担当する仕事の法的根拠となる法律を読んだことがありますか？

まだの方は、ぜひ読んでみてください。その法律が策定された目的は、第1条に記載されています。**この第1条こそ、あなたの仕事の目的**を表しています。

私がこれまで法律を最も意識したのは、都市政策課で開発許可業務に携わったときでした。

法律やそれに基づく審査基準に合わせて許可を下すのですから、当然、法律に触れる機会は多くなります。この仕事に就き、当初は許可の要件に合致するか、合致しないか、許可の可否を判断することに集中していました。

しかし、あるとき、**「なぜ市街化調整区域の規制が必要なのだろうか？」**と、根拠法令である都市計画法に疑問を感じるようになりました。改めて都市計画法の第1条を読んでみることにしました。すると、このように書いてあったのです。

「この法律は（中略）都市の健全な発展と秩序ある整備を図り、もって国土の均衡ある発展と公共の福祉の増進に寄与することを目的とする」

この部分を読んだうえで、前項で述べたように「真の課題」を把握するため、いろいろな問いを設定し、心の中で自問していきました。その結果、導き出されたのが以下の見解です。

「都市計画法策定時（１９７０（昭和45）年）と異なり、昨今は非成長時代の中で無秩序な乱開発が少なくなっている。その一方で、市街化調整区域、特に中山間地域の過疎化が進展し、集落を維持していくことが困難になりつつある地域が増えている。しかし、**この都市計画法の縛りがあるため、移住希望者や、その地域で新たに生業をはじめたい人がいても、土地や建物を有効活用することができない。**そのことが、地域内の人口減少を助長するとともに、住民が集落内で十分な公共サービスを受けることができないなど、**集落機能を維持することの妨げとなっている**」

こう考え、都市計画法の趣旨をふまえつつ、規制緩和のための許可基準の見直しを行うことが、私たち開発指導の担当職員に与えられた使命だと考えるようになりました。規制緩和の必要性を事あるごとに上司に伝え、徐々にその気運は高まりました。その結果、私が異動した後、同じ問題意識を持っていた後輩が私の想いを引継ぎ、規制緩和を実現することができたのです。

法律は必ずしも正しいわけではありません。ときに、第1条に掲げられている法律の目的に照らして、第2条以降の考え方が時代遅れになっている、あるいは地域の状況に合致していない場合などもあります。そんなときは状況に合わせて上手に解釈することや、場合によっては法律改正を国に求めていくことも必要です。

法律は守るものではなく、活かすもの

公務員は、法律の「番人」ではありません。上手に活かす「職人」でなければなりません。

しかし、**許認可事務の担当者になると、ついつい従来の考え方に則って、法律で定められた基準に合致するか、「YES」か「NO」で判断してしまいがち**です。しかし、前述したとおり、法律は地域の実態に合わない場合もあり、上手に解釈すれば「NO」だったものを「YES」と判断できることもあります。

そう考えると、地域にとってあまり益を生み出さない案件に許可を与え、また、上手に解釈すれば、地域のためになる案件を不許可とすることなどが行われている可能性があります。このような状況に陥らないためにも、私たち自治体職員は法律を守る番人ではなく、上手に活かす職人になることが求められるのです。

それでは、法律を上手に活用できる職人になるためには、どのようなことに気をつける必要があるのでしょうか。

私は、**①法律、②自治体で決めている運用基準（審査基準）、③地域にとっての公益性（有効性）という3つのポイントが合致しているか**、考える必要があると感じています。

この場合、おそらく①と③とはほとんどのケースで合致するでしょう。もし、ここが合致していなければ、その法律の存在意義が問われます。

しかし、①と②、②と③とが合致していないケースは少なくありません。このようなときには、次の3つのステップで対応していくことが大事です。

まず、法律や運用基準の解釈によって解決する方法です。この場合には、その解釈が法律等に抵触しないか、しっかりと筋道を立てることが大事です。

次に、運用基準の見直しにより解決する方法です。この場合には、法律に抵触しないよう十分に注意しながら、地域の公益性を担保できるような基準を検討する必要があります。

最後に、法律改正を国に求めることです。所管官庁に直接求める方法もありますし、現在では内閣府が所管している「地方分権改革に関する提案募集制度」を通して国に法律や制度改正などを求めることも可能となっています。

こうした3つの方法を駆使することで、法律を上手に活用できる「職人」になることができます。**法律の職人として、法律と地域の現状との乖離を是正していく**ことも自治体職員としての大事な使命なのです。

「説得」ではなく、「納得」してもらう対話力を磨け

07

納得とは「諦める」こと

市民との対話によるまちづくりを推し進め、第10回マニフェスト大賞でグランプリ（首長の部）を受賞した静岡県牧之原市の前市長・西原茂樹さんは、「納得とは、諦めてもらうこと」と述べています。

この言葉は、市民との対話において、とても重要な意味を持ちます。

すでに述べたとおり、成熟社会の特徴として、人口減少、非成長、多様性などが挙げられます。つまり、人材が不足し、財源も限られる反面、多様化するさまざまな社会の課題に対応しなければならない。そのため、成長社会のように、役所が行政サービスを手厚く行うようなことはできなくなります。むしろ、今まで行政が担っていたサービスを市民自らが担わなければならない場合もありうるでしょう。

すなわち、**成長社会が「富の分配」ならば、成熟社会は「負担の分配」**が求められます。こうした状況を住民のみなさんに受け止めてもらい、今まで受けていた受益を諦めてもらう必要があります。これこそ「納得」であり、西原さんの言葉である「納得とは、諦めてもらうこと」の意図するところなのです。

納得してもらうためには「対話」が大事

説明もなく、突然、今まで受けていたサービスが受けられなくなる——。

そのとき、あなたならどう思いますか？

普通なら不快に感じ、相手に不満を伝えるでしょう。場合によっては、激怒してしまうかもしれません。このように、**相手に何かを諦めてもらう、言い換えれば納得してもらうためには丁寧なコミュニケーションが必要**です。

前述したとおり、成熟社会は負担の分配です。きっと、今まで受けていた行政サービスを諦めてもらうことのほうが、新たに受益を受けることよりも多くなるでしょう。だからこそ、これからの自治体職員には、今まで以上に住民との丁寧な対話が求められます。

対話とは、「対の話」と書くように、片方が一方的に話をするものではありません。自分が話すことと、相手の話を聞くことを繰り返すことが対話です。住民と役所との対話でいえば、役所が一方的に廃止について説明を行うことは対話ではありません。廃止する理由を住民に説明したうえで、**相手の考えを十分に聞き、それに対する役所の考えを伝えるといったプロセスを幾重にも重ねる。これが対話**なのです。

対話によるまちづくりは時間を要します。しかし、対話をせず、役所が一方的に廃止を決定し、住民との間にトラブルが発生するほうが余計に時間を要する場合もあります。また、一方的に役所が廃止を強引に決めてしまうことで、住民と役所との間に取り返しのつかない溝ができるほうが、その後のまちづくりにとっては非常にマイナスなことだといえるでしょう。

対話で大切なことはすべてを伝えること

「そこまで住民に伝えなくてもいいんじゃない?」

住民説明会などで、こんなことを上司や同僚から言われたことはありませんか?

役所は住民と対話する際に、お金のこと（予算）や他地域と比較した情報などを伝えたがりません。しかし、**マイナスのことも含めてすべてを伝えないと、住民も正しい判断をすることはできない**はずです。

公共交通の仕事では、さまざまな地域からバス路線や乗合タクシーなどに関する要望をいただきます。そのたびに、地域に出向き、住民のみなさんと対話をするようにしていましたが、その際に心がけていたことは、**どんな情報も包み隠さず話す**ということでした。

たとえば、市全体でどれくらいの予算が公共交通に投じられているのか。あるいは、他地域では生活交通を確保するため、どのような取組みを実施しているのか。

こうした情報を伝えることで、住民からは「路線バスの赤字分を税金で賄っているとは思わなかった。せっかくうちの地区をバスが走っているなら、今度乗ってみようかな」とか、「○○地区のように、住民主体の自主運行事業をうちの地区でもやってみるか」といった前向きな感想が返ってきます。その結果、「赤字でもいいからバスを走らせてくれ」といった自分本位の要望は少なくなります。

対話にとって大事なことは、**できるかぎり同じ目線で話ができるように情報を共有する**ことです。それができていないと、一方的に意見を伝え、住民に役所の都合を押しつける「説得」の場になってしまうでしょう。

調整に欠かせない「4つのワーク」

08

4つのワーク

30代以降、自治体職員にとって大きな課題となるのが「調整」です。AIがやってきても代替できないと言われる必須のスキルです。

その調整に欠かせないのが、**①チームワーク、②ハートワーク、③ネットワーク、**そして、**④フットワーク、この「4つのワーク」**です。

かつて取り組んだ、市内を循環するコミュニティバス（愛称：ベニちゃんバス）の運行内容の大幅見直し（バス路線の再編）は、住民や交通事業者など、多くの利害関係者との調整が必要でした。調整の難易度は、再編の規模が大きくなればなるほど、高くなります。

私たちの取組みも、それまで運行し、年間30万人が利用していた中心街１００円循環バスの廃止を伴うものだっただけに、一難去ってまた一難という苦しい状況でした。しかし、この経験から、４つのワークの重要性を強く感じたのです。

チームワーク――信じて任せることがポイント

バス路線の再編には、私を含め３人の職員が関わりました。日頃から「各々の強みを活かして仕事を進めよう」と話していた私たちにとって、ベニちゃんバスのリニューアルは、その真骨頂を見せる舞台となりました。

チームワークというと、みんなで協力し合って取り組むというイメージが強いかもしれません。しかし、私はむしろ役割分担のほうが重要だと考えています。**メンバーそれぞれの強みを活かした仕事の割り振りを行い、任せる部分は信頼してとことん任せる。**そのうえで、どうしても１人では担いきれないときは、協力し合い、共同で取り組む。これが、本当の意味でのチームワークだと考えています。

ハートワーク――すべてに心配りと丁寧な対話を

ベニちゃんバスのリニューアルに向けた仕事を進めるにあたり、私たちは交通事業者や沿線の町内会や商店街の方々など、いろいろな利害関係者に、路線再編の必要性などについて丁寧に説明を行いました。しかし、唯一、その説明を別の組織に任せたケースがあったのです。

その結果、その関係団体から不満が起こり、新たな運行内容に納得していただくまで、かなりの時間と労力を要することになりました。**仕事に限らず、あらゆることにおいて丁寧さを欠いたところから綻びは生じます。**すべてのことに心配りを行い、丁寧な対応を心がけるハートワークこそ、効率的に仕事を進めるうえでは大切なのです。

ネットワーク——役所の中で得られない人脈を活かす

リニューアル直後、ベニちゃんバスの認知度はまだまだ低く、目標とする年間利用者数を達成するために、どのようにＰＲしていくか、その効果的な方法を考え、実践していくことが求められていました。

そこで、マスコミや町内会などと連携しながらさまざまな広報活動を行いましたが、**効果的だったのが、個人的なネットワークを活かしたＰＲ**でした。

具体的には、プライベートの活動で連携していた福祉関係者のみなさんに、ベニちゃんバスのパンフレットを高齢者に配布していただいたり、友人のフリーアナウンサーの方にラジオ番組で広報する機会の提供を受けたりしたのです。こうした経験から、改めて、ネットワークが仕事の質的向上に良い影響を与えると実感できました。

フットワーク――改善点を見つけ、関係者の共感を生み出す

ベニちゃんバスのリニューアルに際して、利用者、特に高齢の方の乗り間違いを防止するため、しばらくの間、私たちはバス停に交代で立ち、乗車案内を行いました。

これにより、乗り間違いが起きる要因を確認することができ、バスやバス停の案内表示をすぐに改善することができました。

また、気温が30度を超える暑さの中で、バス停の前に立ち、声がけを続けたことで、利用者や乗務員からの信頼を高めることもできました。当初、リニューアルに不満を漏らしていた常連さんが、2週間後には「毎日、暑いのにお疲れさま。これで水分補給して」とジュースを差し入れてくれたこともありました。これらの経験から、**現場に足を運ぶフットワークは、改善点の発見に役立つだけでなく、市民や利害関係者の**

共感を生み出す効果も期待できることを知ったのです。

この４つのワークは、どの職場でも当てはまります。チーム内で役割分担を適切に行い、すべてにおいて丁寧な対応を心がけ、さまざまなつながりを活かしながら、現場目線で仕事に取り組む。４つのワークを実践することで、仕事の質が高まることをきっと実感していただけるはずです。

相手に伝わるプレゼン力を身につけよう

09

プレゼンは場数を踏むことで慣れる

今でこそ、講演や職員研修の講師など、人前で話をする機会をいただく私ですが、かつては**「カミカミ王子」**でした。

私が最初に人前でプレゼンしたのは入庁6年目のとき。はじめての異動から1か月の頃でした。

異動したばかりの状況で、「老人クラブ活動助成費補助金の申請手続」に関する説明を250人の前で説明することに。まだ制度を熟知していない不安と、プレゼン慣れしていないドキドキで心臓が破裂しそうでした。そんな精神状態が影響してか、**声は震え、説明はたどたどしさ満点。**途中で参加者の方から「何を言っているかわからないよ！」「何でもいいから金を払え！」など、罵声を浴びせられながらのプレゼンでした。

6年後、再びプレゼンする機会がやってきます。それは、横浜市の職員を招いた業務改善研修の司会でした。そのとき、私は30代になっていましたが、久々に訪れたプレゼンの機会にまたもやド緊張。その結果、原稿をカミカミになりながら読むだけとなってしまったのです。「カミカミ王子」はそのときについたあだ名です。

しかし、その後、業務改善発表会や職員研修の講師など、場慣れしていく中で、自然と緊張しなくなっていきました。

係長、課長補佐、課長と立場が上がるに従い、人前でプレゼンする機会は増えていきます。緊張せず、相手がしっかりと聞き取れるプレゼンができるようになるには、何より場数を踏むことです。20代や若手の頃から、プレゼンする機会を自らつくりましょう。

30代以降でも遅くはありません。私自身がそうだったのですから。チャンスを捉え、機会があれば手を挙げてみる。それがプレゼン上手になる第一歩です。

伝えるプレゼンから伝わるプレゼンへとレベルアップを図ろう

「話し上手」と「プレゼン上手」は違います。

結婚式のスピーチを思い出してください。話し方は上手なのに、あまり心に響かないスピーチをする人がいませんか？　逆に、話し方は上手ではないのに、ジーンと心に響く話をする人もいます。つまり、話し上手とプレゼン上手とは異なるのです。

場数を踏むことによって、話し方は上達します。しかし、それだけでは十分ではありません。「伝える」のではなく、「伝わる」プレゼン術を身につける必要があります。

制度や仕組み、市の方針などを住民にわかりやすく説明することが求められる自治体職員にとって、「伝わる」プレゼン術は必須スキルといえるでしょう。

私が考える「伝わる」プレゼン術のポイントは3つ。

1つめは、**専門用語や業界用語は使わない**こと。

専門的スキルを持った人との対話を除いて、できるだけ難しい言葉は使わず、使う場合には簡単な説明を挟みます。特に、ケアマネ（ケアマネージャー）や中活（中心市街地活性化）など、業界用語の略語は無意識に使ってしまうので要注意です。

2つめは、**大事なポイントを中心に簡潔明瞭に話す**こと。

制度の説明などを行う場合、国の資料などに沿って、すべての項目を均等にダラダラ説明する人がいます。これでは、どこが大事なポイントなのか、聞いている側には伝わりません。「大事な3つのポイントをお話しします」など、ポイントを何点かにまとめ、プレゼンの冒頭で告げます。そのうえで、ポイントを中心に詳しい説明を行い、必要に応じて補足事項も説明します。

このような流れでプレゼンすることで、覚えてほしい重要なことを効率的に相手に伝えることができるようになります。

3つめは、**具体的な事例や喩え話を用いて説明する**ことです。

たとえば、補助金の申請手続について説明する際も、「申請書に押印するハンコは通帳印でお願いします」と伝えるよりも、「昨年度、申請書のハンコが通帳の印鑑ではなく、会長印を用いたケースがありました。こうした印鑑の押し間違いによるミスが毎年多いのでご注意ください」と伝えたほうが、聞き手も頭の中でリアルにイメージすることができ、明確に伝わります。

CHAPTER

5

自治体職員が40代以降も輝くための成長術

公務員は、45歳から真価を問われる

01

公務員としての本番は、管理職になってからはじまる

「公務員は、45歳から本番の時を迎える」

大阪府吹田市の後藤圭二市長は、こうおっしゃっています。

45歳といえば、そろそろ管理職になる人もいるでしょう。管理職になると、さまざまな権限が付与され、自ら決定できる裁量の範囲が大幅に広がります。一方で、議会答弁をはじめ、果たすべき責任も大きくのしかかります。こうしたことをふまえて、後藤市長は、45歳を公務員としてのターニングポイントとしたわけです。吹田市職員だった後藤市長ならではの言葉です。

さらに、後藤市長は以下のように話を続けました。

「だからこそ、本番を迎える45歳までに、公務員はしっかり爪を研ぎ、能力を磨く必要がある。また、周りの人から信用される人間にならなければならない」

私はまだ、管理職ではありません。しかし、課長補佐として管理職に近い立場になったことや、課長の随行者として議会に出席する機会が増えたことなどから、この後藤市長のお話にとても共感しました。

チームリーダーである係長の役割

本番を迎えるまでに必要なのは、リーダーとしての資質を磨くことです。30代から40代前半に、多くの方が係長、または係長に近いポストに就きます。

係長になると、はじめて部下を持ち、自分の業績だけでなく、係全体の業績にも責任を持たなければなりません。課と係の違いこそあれ、係長には管理職である課長同様に、組織のリーダーとしての役割が求められることになります。つまり、**係長時代は、リーダーの資質を身につける管理職の予行演習期間**なのです。

私は、山形市役所内の係長研修で、講師として係長になりたてのみなさんに、**「業績の追求」**と**「メンバー（係員）の人材育成」**について伝えています。この2つの役割を果たすためには、係員への接し方やリーダーシップを発揮する方法などを身につける必要があります。

係長に求められる2つの役割は、当然、課長にも求められるものです。しかし、その難易度は係長とは比較にならないくらいレベルの高いものでしょう。だからこそ、係長のうちから、少しずつ地道に身につけることが重要なのです。

人としての魅力アップも重要

私には「心の師」と仰ぐ自治体職員の先輩がいます。また、尊敬できる上司にも出会うことができました。40代以降で輝いている職員に共通するのは、部下や後輩たちから慕われ、尊敬されていること。そして、彼らが尊敬されるのは、人柄や面倒見のよさだけではなく、後輩を惹きつける魅力や強みが備わっているからです。

まずは、自分自身の魅力や強みを把握しましょう。

魅力や強みを知るためには、他者と自分を比較する必要がありますが、同じ役所の職員同士のような同質性の高い人と比べても、あまり違いを感じることはできません。**他の自治体や異業種の人と自分を比較するからこそ、自分の魅力や強みを多角的に知ることができます。**そのためにも、役所の外の世界を知る必要があります。

自分自身の強みを知り、さらに伸ばすことで、自分の魅力を高める。そして、その魅力を他者のために活かすことで、周りからの信頼度も高まります。「個」としての魅力をさらに磨くことで、自信を持って公務員人生の本番を迎えましょう。

上司からの
ほめ言葉が
モチベーション
アップのカギ

02

改善活動で学んだほめることの大切さ

職員のモチベーションアップに最も影響を与えるものは何か？

この質問に対して、多くのみなさんが「昇給」や「昇任」と答えるのではないでしょうか。しかし、私の答えは違います。その答えをお伝えする前に、あるエピソードからお話ししましょう。

30代前半、私は企画調整課で業務改善の担当者として、業務改善発表会「はながさ☆ぐらんぷり」に関わっていました。

この発表会では、担当者である私が企画運営を行っていたわけではなく、自ら手を挙げた有志職員が実行委員となり、さまざまなアイデアを出し合いながら準備を進めていました。

そのアイデアの１つに、部長のスポンサーシップによる賞金、賞品の授与というものがありました。具体的には、各部長からスポンサーシップとして、１人あたり５千円をポケットマネーから寄付していただき、そのお金を元手にグランプリと準グランプリに選ばれたチーム（課）に賞金を、発表を行ったすべてのチームに優秀賞として賞品（コーヒーセット）をプレゼントするというものです。

発表会で発表するチームは、各部から選ばれた部の代表です。当然、部長を中心に選考が行われるため、選考した責任者として、併せて顕彰の責任者にもなってもらおうという考えによるものでした。

この賞金、賞品の授与に関して、もう1つアイデアが出されました。

それは、「すべての発表事例に授与される賞品を市長が渡しては面白くない。発表事例の選考者であり、賞品を準備するためのお金を用立ててくれた部長から渡してもらおう」というアイデアです。

そこで、実行委員は、**①発表会終了後に、部を代表して発表した職員に賞品を渡すこと、②商品を渡す際には「今日の発表よかったね」「これからも改善頑張ってね」など、必ず一言添えること**、という2つのお願いを各部長に行いました。すると、すべての部長が私たちの切なる願いに快く応えてくれたのです。

その結果、どのようなことが起こったか。

なんと、ほぼすべての発表者が、アンケートで「参加してよかった」を選択するとともに、自由記述欄に「今まで話したことがなかった部長にほめられて嬉しかった」「部長に声をかけてもらい、これからも改善に取り組もうと思った」といった感想を寄せてくれたのです。この経験を通じて、**職員のモチベーションを高めるものは、昇給や希望どおりの人事異動といった制度的なものではなく、「上司からのちょっとした一言」**だということに気づいたのです。

係長として大事にしているほめ言葉

「あなたがいてくれてよかった」

私は常々周りの人から、このように言われるような仕事に取り組みたいと思っています。それは、誰かのために役立つ仕事ができたときに、こうした言葉をかけてもらえると感じているからです。

また、その理由に加え、周りの人からこのように言われたら、より一層、自分自身のモチベーションが高まると考えていることも理由の１つです。

私もそうですが、**人は誰しも「特別視されたい」という欲求を持っている**のではないでしょうか。こうした気持ちに応えることが、部下のモチベーション向上につながります。私は部下をほめるときも、「あなたがいてくれてよかった」という気持ちが伝わるようなほめ方をするように心がけています。

「『自分が、自分が』の『が』よりも、『おかげ、おかげ』の『げ』で生きろ」という言葉があります。上司と部下の関係もお互いに「おかげさまで」という気持ちが大切であり、「あなたがいてくれてよかった」という言葉こそ、その気持ちを端的に表すものだと感じています。

直接伝えづらいなら、SNSやメールでもOK

ほめることは大事だとわかっていても、恥ずかしくて、なかなか面と向かってほめることができない、という方も大勢いるのではないでしょうか。

実は、私もその1人です。日ごろから接している部下を改めてほめるということは何となく気恥ずかしいものです。そこで、私は部下をほめるツールとして、SNS

やメールを活用しています。具体的には、**部下が結果を残したときや異動するときなどに、LINEやグループウエアのメール機能を用いて、「あなたがいてくれてよかった」という気持ちを伝える**ようにしています。

これならば、直接、顔を合わせてやり取りするわけではないので、恥ずかしさも薄らぎます。ただし、賛辞や感謝の気持ちを伝える方法として、顔を合わせて直接伝えること以上に伝わる方法はないでしょう。そのため、SNSを活用した間接的な方法からはじめつつ、ほめることに慣れてきたら、直接ほめることにもどんどんチャレンジしてみてください。

係長で
身につけるべき
リーダー
としての資質

03

部下からの相談にはすばやく対応する

「ほめること」のほかにも、私には係長として大事にしていることがあります。

係長になると、仕事に関する相談や作成した資料の確認など、日常的に部下からのさまざまなアプローチがあります。そのときには、どんなに自分の仕事が忙しくても、**可能なかぎり、手を止めてすばやく対応する。**また、判断を求められたときには、自分で決定できる場合はすぐに結論を下し、上司に判断を仰ぐ必要がある場合にはすぐに確認するようにしています。

部下をムダに待たせず、常にスピーディに対応することが信頼につながります。

普段の何げない会話で想いを伝える

「残業はしたくないよね」「前例踏襲で仕事をする職員にはなりたくないよね」

こうした私の仕事に対する想いは、何気ない普段の会話の中で部下に伝えます。

「残業しないように」などと直截的に伝えてしまうと、部下は委縮してしまうからです。**自分の想いや考えは遠巻きに伝え、めざすべき方向性を何となく感じてもらう**のです。それが、係員が主体的に仕事に取り組む環境づくりにもつながります。

問題が起きたときは自ら現場へ

市民や他課とのトラブルなどが起きた場合、部下に任せず、リーダーとして自ら問題が起きた現場に足を運びます。もちろん、できるだけすばやく。対応策を考え過ぎた結果、後手にまわってしまうことがあります。**まずは問題の原因を現場で確認する。そのうえで、こちらに非がある場合には、直接謝罪をするなど、迅速な対応を心がける**ことで、問題の発生要因のすばやい究明や、相手からの早期の信頼回復ができます。

ムダをなくす決断をする

「ムダな仕事はなくすように」と指示しても、今まで当たり前に実施していたことを係員が止める決断はなかなかできないものです。つまり、ムダな事業や作業の廃止を決断することも、係長の大事な役割です。もちろん、課長ほどの権限はないので限界はあります。しかし、**たとえ課長や部長の判断を要する案件でも、係の考え方をまとめる責任は係長にあり、その考えを部課長に進言することも係長の大事な役割**です。

ムダをなくす決断は部下に任せず、係長が積極的に関与しましょう。

部下の手本にふさわしい働き方をする

帰りたいのに、帰れない。休みたいのに、休めない。

上司がなかなか帰らなかったり、ほとんど年休を取らなかったりすると、部下は帰りづらいし、休みづらいもの。**上司の働き方は、知らず知らずのうちに、部下の働き方に大きく影響を与え、いつの間にか働き方の手本となってしまいます。**

だからこそ、私はできるかぎり業務終了時刻に合わせてすばやく帰りますし、月1回は必ず年休を取得するようにも心がけています。上司が率先してワーク・ライフ・バランスを意識し実践することで、部下が積極的に帰りやすく、休みやすい職場づくりに取り組みましょう。

頼まれごとは
試されごと

04

タイム・イズ・マネーからタイミング・イズ・マネーへ

「成長社会はタイム・イズ・マネー、成熟社会はタイミング・イズ・マネー」

これは富山県氷見市の元市長・本川祐治郎さんからお聞きした言葉です。

拡大基調で正解主義の成長社会では、正解に向かって頑張れば頑張るほど成果が上がります。たとえば民間企業も行政も、事業規模を拡大すれば拡大するほど顧客や地域に喜ばれ、受け入れられる可能性が高かったかもしれません。投資すれば投資するほど成功につながるという意味で、タイム・イズ・マネーだったといえます。そして、そのことは、1人ひとりの人生においても同様でした。

しかし、今は正解のない成熟社会、レゴブロック型社会です。そのため、導き出した答えが必ずしも正解とは限りません。また、ちょっとした状況の変化で、成功に向かっていたものが大きく反転する場合もあります。こうした状況では、**タイミングを見計らってチャンスを活かすことが成功のカギ**になります。すなわち、成熟社会はタイミング・イズ・マネーの時代です。

40代以降になると、仕事で大きな決断をすることが、30代よりも格段に増えます。場面ごとに正しく選択し、チャンスをつかむことが自治体職員の人生を輝かせることになります。

では、どうすれば、40代以降にチャンスをつかめるのか？

そのカギは、**30代までに、「チャンスのつかみ方」を身につけておく**ことにあります。

頼まれごとは試されごと

これは、私が大事にしている座右の銘の1つです。

人から依頼を受けることは、チャンスをつかむ1つのきっかけになります。頼まれごとにしっかり応えることで、自分のスキルが高まります。また、依頼主や関係者の方々からの信頼も高まるでしょう。

たとえ引き受けた結果、うまくいかなかったとしても、断るよりは、得られる効果ははるかに多い。逆にいえば、**人からの頼まれごとを断ることは、それだけで、自分**

の成長と人からの信頼を得られるチャンスを失うことになるのです。

しかし、「私にはできない」「忙しい」といった理由から、頼まれごとをすぐに断る人が多いように感じます。その気持ちもわかります。自分にできるか、相手に迷惑をかけないか、不安もあるでしょう。

以前、私からの頼まれごとに対して、「私の能力では期待に応えられません」と返事をした後輩に、このように話したことがあります。

「人が誰かにものを頼むときには『できる』と思って頼むもの。それを断るということは、それだけで相手の期待を裏切るようなもの。人は自分の能力を過小評価してしまいがちだから、ちょっとでも自信のないことは断ってしまうけど、勇気を持って引き受けることで、すごく良い経験になったりする。**人の能力の限界は他人が判断するものだから、人からの依頼は断らず、引き受けたほうが絶対にいい。**それで失敗したら、その人のせいにすればいいのだから。頼まれごとは試されごとだよ」

この話を聞いた後輩は、まんまと私の口車に乗り、その依頼を引き受けました。その後、彼女は私が頼んだことを万事うまくやり切り、その経験が彼女の成長に大きくつながったと感じています。

突然降ってきた仕事はチャンスをつかむ絶好の機会

突然、新しい仕事が降ってきたら、ガッカリしていませんか。

私はできるかぎり、前向きに捉えるようにしています。それは、突然降ってきた新たな仕事もチャンスをつかむ1つのきっかけだと考えているからです。

以前に担当した電子決裁の導入に関する仕事も、突然降ってきたものでした。

電子決裁の導入の動きが本格的にスタートを切ることになり、決裁の電子化は事務改善に通じるという理由で、当時、行革担当だった私に白羽の矢が立ちました。その際、私は「長年、調査研究に留まっている電子決裁を前に進めるチャンス」と思い、自分から積極的に動きはじめました。その結果、他の部署の協力などもあり、予定どおり、2年間で電子決裁システムを導入することができました。この経験を通して、上司や他課職員からの信頼が高まったとともに、さまざまなスキルや知識を得ることができたと感じています。

試されごとと同じですが、**その仕事に取り組むことができないような職員に、組織や上司は仕事を任せたりはしません。**この職員なら大丈夫だろうと思うから任せます。そうした期待に応えることもチャンスをつかむための大事な要素です。

どんなときも
ポジティブ思考

05

ときには行き当たりバッタリでもかまわない

「行き当たりバッチリ」

みなさんは、この言葉を聞いたことがありますか？

きっと「行き当たりバッタリ」は聞いたことがあっても、「行き当たりバッチリ」ははじめて耳にしたのではないでしょうか。

これは、長崎県諫早市の村川美詠さんから教えていただいた言葉です。あまり準備が整っていない状況で、会議やイベントなどを運営しなければならないときなどに、自分自身の不安な気持ちをかき消すための言葉として、私は使っています。この言葉を心の中で唱えると、何となく「できそう」と思えるから不思議です。私にとって、ポジティブな気持ちにしてくれる魔法の言葉です。

40代になると、いきなり出番がまわって来ることが増えます。会議で突然挨拶を振られたり、病気になった部下に代わって、準備していたイベントなどを係長である自分が差配したり。**こうした予期せぬ状況に対応する際に、ネガティブな意識を持ちな**

がら事に当たると、どうしても失敗の可能性が高まります。逆に、ポジティブに対応すると、気持ちの余裕ができ、適切に対応できます。

突然のハプニング的な出来事に、ポジティブな気分で向き合えるようになる方法はたった1つ。若い頃からいろいろなことに積極的にチャレンジすることです。

私は30代のときに、業務改善発表会の司会や学会での発表、あるいは、各種イベントのコーディネートなど、公私両面でさまざまな経験を積むことができました。

1つの経験が類似した場面での応用力につながり、少々のことでは驚かない精神的な強さが身についていくのです。

「行き当たりバッチリ」。みなさんもぜひこの言葉を覚えておいてください。

レジリエンスと自己肯定感

いろいろな方から、「後藤さんは、悩みとかなさそうですね」とよく言われます。

SNSでは楽しいことや前向きな想いしか発信しないようにしているので、そう見られても仕方がないのかもしれません。

ただ、私も1人の人間。悩みもあれば、落ち込むときもあります。

30代前半、行政評価の仕事を担当していた頃は、毎月100時間近い時間外勤務を行っていたこともあり、精神的にもかなりダメージを受けました。しかし、たとえ落ち込んだとしても、その後の立ち直りが早く、長期間にわたり気持ちが落ち込むことがないことが私の強みでもあります。これもまた、悩みがなさそうに見える1つの要因なのかもしれません。


なぜ、私は長期間落ち込まないで済むのでしょうか?

そこには**「レジリエンス」**と**「自己肯定感」**という2つの要素があります。

レジリエンスは、逆境力を意味します。別の言葉でいえば「跳ね返す力」ともいえるでしょう。レジリエンスには、次の4つの要素があります。

①状況に一喜一憂しない「感情をコントロールする力」
②自分の力を過小評価しない「自尊感情」

③自分が成長前進していると感じることができる「自己効力感」

④失敗の中でもいつかできると考える「楽観性」

このうち、特に私は②、④が身についていると自己分析しています。

後輩から、「後藤さんは落ち込んだとき、どのようにモチベーションを高めていますか」と聞かれたことがあります。そのとき、私は「失敗したときは反省しつつ、**『自分だから、これくらいの失敗で済んだ』**と言い聞かせて、自分を慰めるようにしているよ」と答えました。

一方で、成功したときには、自分で自分をほめます。人はほめられることや、慰められることで気持ちが上がるもの。それは、たとえほめてくれるのが自分自身でも同じだと思っています。自分を肯定する「自己肯定感」を持つことでレジリエンスも高まります。

自分で自分を鼓舞することは案外難しいかもしれません。ただ、世の中に完璧な人はいません。もっと自分に都合のいいように解釈してもよいのではないでしょうか。40代になれば、責任も大きくなるからこそ、**「自分を守る」という意味でも、30代のうちから、レジリエンスと自己肯定感を磨くことが大事**です。

自分ができて、人がやらないことをやる

06

決断したことを理解・納得してもらうための「共感を生む力」

歳を重ねるごとに、公私にわたり、決断する機会は増えていきます。

特に仕事では、職位が上がるにつれて権限が大きくなります。まだ多くの行政組織では年功序列が前提ですから、このことは年齢が上がるごとに権限が大きくなり、自分自身で決められることが増えることを意味します。

権限が大きくなるに従い、影響を受ける人たちの数も増えるでしょう。係長より課長のほうが、指示する部下の数も増え、外部の利害関係者の領域も広がります。**決断したことを実現するプロセスでは、より多くの人たちから理解や納得を得る必要があります。**そこで求められるのが、「共感を生む力」です。

共感にとって大事な2つの要素

「共感とは、魅力的な人や活動に対して感じるもの」と思っていませんか？

私も以前は共感=魅力だと考えていました。

魅力とは、「面白そう」「楽しそう」「やってみたい」など、人の心を惹きつける力です。たしかに、魅力を感じる要素がないと、共感は得られません。

しかし、私は共感にはもう1つの大事な要素があることに気づきました。それは、「信頼」です。

どんなに魅力的な取組みでも、その仕掛け人が信頼されていなければ、多くの人たちから共感されることはないでしょう。

逆に、信頼性の高い人であれば、その取組みの魅力が薄かったとしても、共感してもらえる場合があります。また、その取組みの魅力を高めるために、周りがサポートすることも考えられます。

つまり、**「魅力」と「信頼」という2つの要素が合わさってこそ、「共感を生む力」は高まる**のです。

「面倒なことの繰り返し」で信頼度アップ

私は、「共感を生む力」の重要性について、仕事ではなく、東北ＯＭの活動から学びました。

東北ＯＭは、数か月に一度の割合で勉強会などのイベントを開催していますが、発足当初、私は**すべてのイベント参加者に、必ず翌朝までにお礼のメール**を送っていました。

当時の参加者が50名程度だったからできたことでもありますが、それでも打ち上げ終了後、自宅に帰り、深夜０時を過ぎてからの夜を徹しての作業です。

幸い私はメール作成が苦にならない性格です。そのため、この行動も何気なくしていました。しかし、私以外の人、特にメールを受け取った方々にとっては、深夜にもかかわらず、１人ひとりに異なる内容のメールを送ることが非常に手のかかるものだと感じていただいたようなのです。この行動が参加者の私自身への信頼につながり、ひいては東北ＯＭへの共感につながったと感じています。

なぜ、このような行動が信頼へとつながるのか？

その１つの答えを導き出した経験があります。

それは、小布施町立図書館「まちとしょテラソ」の初代館長で、図書館プロデューサーの花井裕一郎さんの講演をお聞きしたときのことです。

ある方が、花井さんにこんな質問をしました。

「まちとしょテラソは、なぜ世界的評価を受ける図書館となったのですか？」

これに対して、花井さんは次のように答えたのです。

「この図書館はおもてなしが行き届いています。何十回にもわたりワークショップを繰り返すことで、『こんな図書館になってほしい』という町民の想いが図書館のあちらこちらに見られます。このようにおもてなしとは面倒くさいことの繰り返しから生まれるのです」


この話を聞き、私はハッと「面倒なことを繰り返すことで、周りの人からの共感を得られるのではないか。自分にとっては、それがお礼のメールだったに違いない」と思うようになったのです。それ以来、私は共感を生む力を身につけるために、**「自分ができ、人がやらない面倒なこと」を実践し、まずは「信頼」を得ることに努める**よう心がけています。

このように、自分自身が取り組むことができ、人がやらない面倒くさいことが何かをまずは考え、実践してみましょう。きっと、そのような行動が周りからの信頼につながり、必然的に「共感を生む力」が高まるはずです。

5つの「きく力」を高めよう

07

聞く力

聞く力とは、相手の話を理解する力です。

善例を生み出すには、住民や他自治体、あるいは民間の人たちなどから、さまざまな情報を聞き出し、それを政策につなげていく必要があります。しかし、情報は単に収集すればよいわけではありません。**情報の「本質」を知ってこそ、自らの知識や見識となり、仕事に役立ちます。**この本質を理解する力こそ、「聞く力」です。

単に相手の話を聞くだけでは聞く力は向上しません。相手の話を聞きながら「理解しているか」と自問することや、「自分ならどうするだろう」と自分事化しながら聞くことなどにより聞く力が磨かれます。たとえば講演会などに参加したときに、質問することを自らに課すことなども聞く力を伸ばす1つの方法です。

また、聞く力に付随するものとして、多くの情報を集める力、つまり情報収集力があります。そもそも相手の話を理解する力があっても、多くの情報を聞き出す人脈を持っていなければ力を発揮することができません。**理解力に、情報収集力が加わってこそ、本当の意味で聞く力が備わる**ということを忘れないでください。

聴く力

聴く力とは、住民の声に耳を傾け、住民の心に寄り添う力です。

生き方や働き方、価値観の多様化に伴い、住民の想いやニーズも多様化しています。一方で、サービスの廃止・縮小により、住民間で負担を分配していく時代でもあります。

こうした状況では、住民の想いや不満を聴くことも自治体職員としての大切な役割となります。この際、大切なのは、**役所の都合や考えを押しつけることなく、相手の心に寄り添いながら、まずは相手の話に耳を傾けること。そのうえで、役所の考え方を丁寧に説明し、時間をかけて意見交換を行っていく。**そのプロセスを踏んでいく必要があります。こうした活動を効果的に実践できる力こそが聴く力といえます。

なお、住民の心に寄り添うためには、説得や議論の場ではなく、あくまでも対話の場を創っていかなければなりません。そうした意味では、聴く力とは、傾聴力であり、対話力ともいえます。

訊く力

訊く力とは、わからないことを尋ねる力です。

住民ニーズが多様化している反面、手段も多様化しています。

たとえば、私が担当していた公共交通の仕事では、国土交通省が所管する公共交通施策だけでなく、厚生労働省が所管する福祉施策や、既存の制度を上手に解釈して実施している先進自治体の独自施策など、住民ニーズを満たす、あるいは課題を解決するための手段が多岐に渡っています。そのため、覚えなければならない制度や収集しなければならない情報も多種多様化しています。

どのタイミングで、どの組織の誰に、どのような訊き方をすればよいのか、その力量こそが訊く力であり、言い換えれば、「質問力」ともいえます。

なお、必要な情報をいろいろとインターネットで調べるならば、その情報に精通した人に直接訊いてみることが効率的です。そうした点では、学識経験者や国の省庁、先進自治体に知り合いが多数存在していることも、訊く力の高さを示す１つの要素です。

利く力

利く力とは、誰かの役に立つ力です。

ここでいう「誰か」とは、自治体のパートナーとなる特定の組織や人材、あるいは地域づくりを行うためにあなた個人の力を必要としている特定の人を指しています。

つまり、利く力とは、**公私関係なく、あなたと連携しながら地域のために活動しようとしている誰かのために役立つ力**です。「協働力」ともいえるかもしれません。

「地域のために役立つ活動をしたい。そのために力を貸してほしい」と仲間から頼まれたときに、あなたはどう応えますか？

協働力というと難しく感じるかもしれませんが、こうした**仲間からの頼まれごとに応えることが、利く力を発揮する第一歩**です。

当然、頼まれごとが公益的なことであることが前提です。自治体職員の持つスキルや信頼性は、自治体職員が思っている以上に大きなものです。その強みを活かし、1つひとつの頼まれごとに応えながら、利く力をレベルアップしていきましょう。

効く力

効く力とは、結果を出す力です。

「あなたにとってのプロフェッショナルとは何か?」を尋ねるテレビ番組がありますが、この質問に対して私なら「仕事で結果を出せる人」と答えるでしょう。

自治体職員は地方行政のプロです。そのため、仕事を通して地域に貢献しなければなりません。この自治体職員の使命を果たすことができる、つまり、仕事で結果を出せる力こそが、効く力なのです。

これまで説明した4つの「きく力」を磨くことで、仕事に役立つ情報、知識、見識、あるいは人脈を得ることができます。しかし、それらを得ただけでは結果は残せません。それらを活かして事を起こすからこそ、仕事で結果を残すことができます。

その意味では、効く力とは「4つのきく力」+「実行力」であり、自治体職員としての総合力ともいえるでしょう。

08

「真の公務員」をめざそう

公務員の安定は、チャレンジするためにある

公務員の安定は、地域のためにチャレンジするために使うべきものです。

自治体職員をはじめとした公務員は法律上厳格に身分が保障されています。その理由は政権交代などによる政治的な影響を受けず、職務の公共性、行政の継続性や中立性を維持するためです。たとえば、秘書や政策担当をしていた職員が、政権交代などにより前市長の「懐刀」とみなされ、不当な処遇をされたならば、職員は安心して職務を全うすることができなくなります。こうした状況を回避するために、公務員は身分が保障されているわけです。

しかし、この公務員の安定を「仕事で結果を残さなくてもリストラされない」といった具合に、自分に都合のいいように解釈している自治体職員や公務員志望の大学生が少なくありません。

たしかに、公務員は年功序列で年を追うごとに給料は上がります。民間と違って仕事で成果を上げなくても、余程のことがないかぎり、クビになることもないでしょう。

しかし、そうした消極的なイメージで安定を捉えてほしくはありません。仕事で新しいことにチャレンジし、失敗してもクビにはならないことや、仕事でできないことをプライベートでやろうとしたときに、課外活動に取り組みやすいといった視点で公務員の安定を捉えるべきでしょう。

この公務員の安定について、大阪府貝塚市の職員・八野裕嗣さんは、公務員志望の学生を前に次のように語っています。

「公務員には身分保障があり、法を犯してもせんかぎり、辞めさせられることはない。けどな、公務員の身分保障は仕事せんでも辞めんでええ権利ちゃうねん。街のためにリスクを取ってでも挑戦する。それを応援するためにあんねん。せやから、みんないっぱい挑戦してな！　失敗したら一緒に謝ったる（笑）」

民官双方の立場で公に資する人財になってこそ、真の公務員

ＣＨＡＰＴＥＲ１で、公務員の魅力について、「民官双方の立場で公に資する人材になれること」と述べました。これに関連して、私は自治体職員を４種類に分類して

います。

1つめは、**自治体スタッフ**というカテゴリーです。

官の立場として公に資する仕事には従事しているものの、前例踏襲型で必要以上のことはせず、民の立場としてもコミュニティの活動などには、いっさい取り組んでいない人を指します。

2つめは、**趣味の人**というカテゴリーです。

「自治体スタッフ」同様に、官の立場としては必要以上に新しい仕事にチャレンジするわけではないものの、コミュニティの活動には積極的に取り組み、地域貢献しているような人のことを指します。

3つめは、**公務員**というカテゴリーです。

地域が求めることに精いっぱい仕事で応えようと、官の立場として新しい価値を生み出している一方で、コミュニティの活動には消極的な人のことを指します。

4つめが、**真の公務員**というカテゴリーです。

民官双方の立場で、地域が求めていることに積極的に取り組み、両面において、地域や社会にとっての新たな価値を生み出している人のことを指しています。

自治体職員として、仕事を通して社会貢献していくことが何より大事です。プライベートでどんなによいことをしていても、仕事で実績を上げていない「趣味の人」では、税金から給料をいただいている自治体職員としては失格です。そのため、まずは「自治体スタッフ」から脱却し、「公務員」というカテゴリーをめざしましょう。

そのうえで、少しずつ知域に飛び出し、仕事でできないことや、仕事でやろうとしていることの実証実験をプライベートの活動で実践してみてください。きっと社会や地域に貢献できる新たな価値を生み出せるようになるはずです。

20代が、「自治体スタッフ」から「公務員」に成長する時期ならば、30代は「公務員」から「真の公務員」に大きく飛躍する時期です。

民官双方で公に資する人財である「真の公務員」が増えれば、きっと地域は元気になる。そして、元気な地域が増えれば、日本全体が元気になるはずです。そして、そのときこそ、私たち自治体職員の価値が高まるときでもあるのです。

1人の100歩より、100人の1歩。さあ、みんなで力を合わせて自治体職員の価値を高めていきましょう。

おわりに

私は最初から高い志を持って自治体職員になったわけではありません。自社の利益追求が仕事のミッションとなる民間企業よりも、公共の福祉を追求することが仕事のミッションとなる自治体のほうに、ほんのちょっとだけ魅力を感じたから自治体職員になりました。

そのため、自治体職員になってしばらくは、仕事以外の活動などに取り組むこともなく、普通の職員として日々を過ごしていました。

本書で述べたとおり、そのような生活が30代のときに一変します。役所内外に幅広い人脈を持つようになり、今では47都道府県すべてに飲み友達がいるほどです。また、仕事面では国民体育大会の事務や行政評価システムの開発など、市を挙げて取り組む事業や重要施策の担当として大事な仕事を任されるようになりました。

しかし、それはさまざまな経験と数多くの素敵な方々との幸運な出会いがあったからこそ実現できたことでもあります。

本書を締め括るにあたって、４つの「ありがとう」をお伝えしたいと思います。

第一に、これまで出会った全国の仲間への感謝です。

ＫＧＰＭという、私が役所の外に飛び出すきっかけをいただいた関西学院大学専門職大学の石原俊彦教授、そのＫＧＰＭで出会い、今では心の師と仰ぐ兵庫県尼崎市の吉田淳史さんと兵庫県伊丹市の前田和宏さん、東北ＯＭを一緒に立ち上げた岩手県北上市の佐々木範久さんと高橋直子さん、そして、私たち３人を強力にバックアップしてくれた宮城県栗原市の鈴木敬さん、東北ＯＭをはじめとした自治体職員のネットワーク活動を全力で応援してくださっている元三重県知事の北川正恭さん、東北ＯＭでいつも私たちの心に響く数多くの素敵な言葉を贈ってくださっている佐賀県武雄市の前市長・樋渡啓祐さん、そして、自主研修活動や業務改善活動で切磋琢磨してきた全国各地の仲間たちとの出会いがあったからこそ、今があります。

第二に、いつも仕事面でサポートしてくれている職場の上司、同僚、部下のみなさんに感謝を伝えます。いつも仕事面でいろいろな角度からサポートしてくださり、ありがとうございます。仕事が忙しい状況にもかかわらず、プライベートの活動に取り組むため、時々、有給休暇をいただき申し訳ありません。可能なかぎり、迷惑をかけず、仕事面で成果を上げられるように努力しますので、これからもご協力のほどよろしくお願いいいたします。

第三に、プライベートの活動で私を支えてくれている山形市役所の後輩たち、通称「後藤被害者の会」のみなさんに感謝の気持ちを伝えます。いつも私が仕掛けるプライベートの活動に協力してくれてありがとうございます。忙しい仕事の合間を縫って協力してくれているのに、大きな成果を提供できなくてごめんなさい。ただ、日頃の活動や普段の仕事ぶりを通して、私はみなさんの成長を日々感じています。山形市役所の未来を背負って立つみなさんの活躍ぶりを楽しみにしています。

最後に、家族、特に最愛の妻に感謝を伝えます。人生を共に歩み、私を支え、励まし、ときに叱咤してくれてありがとう。君たちの存在があるからこそ、私はさまざまなことに頑張れます。君たちにとって誇れる夫、誇れる父親になれるように、これからも精進し続けますので、引き続き、よろしくお願いします。

2019(令和元)年9月

後藤 好邦

著者紹介

後藤好邦（ごとう・よしくに）

山形市役所企画調整部企画調整課課長補佐（兼）政策調整係長。

1972年生まれ。1994年に山形市役所入庁。納税課、高齢福祉課、体育振興課冬季国体室、企画調整課、都市政策課、行革推進課を経て現職。総合計画の進行管理や次期総合計画の策定、仙台市との連携などを担当。自治体職員が横のつながりを持つ機会を生み出すため、2009年6月に岩手県北上市の職員らと共に「東北まちづくりオフサイトミーティング」を発足し、会員を900名になるまで拡大させるなど、人・組織・地域・いろいろなものをつなぎ、東北、そして日本を元気にするための活動を実践している。2015年4月からは、月刊ガバナンスにて「『後藤式』知域に飛び出す公務員ライフ」を連載中。

自治体職員をどう生きるか

30代からの未来のつくり方

2019年10月25日　初版発行
2019年11月15日　2刷発行

著　者　後《ご》 藤《とう》 好《よし》 邦《くに》
発行者　佐久間重嘉
発行所　学 陽 書 房
〒102-0072　東京都千代田区飯田橋1-9-3
営業部／電話　03-3261-1111　FAX　03-5211-3300
編集部／電話　03-3261-1112　FAX　03-5211-3301
http://www.gakuyo.co.jp/　振替　00170-4-84240

ブックデザイン／スタジオダンク
DTP制作・印刷／精文堂印刷　製本／東京美術紙工

ISBN 978-4-313-15105-5 C0034